地势坤，君子以厚德载物。

写给年轻人的简明国学常识

邹浚智——著

北京联合出版公司
Beijing United Publishing Co.,Ltd.

图书在版编目（CIP）数据

写给年轻人的简明国学常识 / 邹浚智著 . — 北京：北京联合出版公司，2018.12

ISBN 978-7-5596-2447-5

Ⅰ . ①写… Ⅱ . ①邹… Ⅲ . ①国学－基本知识 Ⅳ . ① Z126

中国版本图书馆 CIP 数据核字（2018）第 176666 号

著作权合同登记 图字：01-2018-5137 号

写给年轻人的简明国学常识

作　　者：邹浚智

责任编辑：孙志文

北京联合出版公司出版

（北京市西城区德外大街 83 号楼 9 层　　100088）

河北鹏润印刷有限公司印刷　　新华书店经销

字数：156 千字　　880 毫米 ×1230 毫米　1/32　　印张：9

2018 年 12 月第 1 版　　2018 年 12 月第 1 次印刷

ISBN：978-7-5596-2447-5

定价：42.00 元

序

国学就像一座桃花源

“简明国学常识”也可以称作“国学概要”或者“国学导读”，涉及范围和一般人所理解的“国学常识”差不多，但对很多“国学常识”略而不论的小问题，往往会再进行更深一层的讨论，我们可以把它看成“国学常识”的升级版。

所谓“概要”，是指本书把中国上下几千年的文化精华予以收录，并进行简单的介绍，让读者知晓；所谓“导读”，是希望读者能够依照书中所讲的去按图索骥，找到自己喜欢、想读的书，或更进一步，找到自己想要深入了解的学术领域。

按文史学者的说法，中国约有上下五千年历史，即便照考古学家的研究，往上去找，中国文化的源头也至少能追溯到两千六百多年前。这几千年来，流传下来的史学、哲学、文学著作何其多，摞起来都不晓得有多少座台北一〇一大楼的高度。

如此多的国学经典该怎么读？我们又该怎么学国学？是把所有名

篇名作搜罗起来，一股脑儿地死记硬背，直到倒背如流、出口成章？那背不出来的人难道要自己想办法去借哆啦A梦的记忆面包吗？还是走马观花地把所有经典都浏览一遍，只求能大概知道每本书写了什么？如此浮皮潦草，除了可以丰富茶余饭后的谈资外，又能有什么真正有益的收获呢？又或者精选几本最重要的，买好各种工具书，埋头苦学，逐字研读？一般读者似乎又用不着进行这种近乎学术性的研究。

那么，国学到底该怎么学？学什么？这正是本书试图解决的问题。本书就是想为年轻人提供一套了解并学习国学的全新的思路和完整的逻辑，通过阅读这本书，读者不但可以增长基础的传统文化知识，更会喜欢上国学，甚至自觉自愿地去推广和传播国学。

其实，国学就像一座桃花源，山洞外头虽然没有阿里巴巴画下引人注意的大记号，但里头可是别有洞天，“土地平旷，屋舍俨然。有良田美池桑竹之属”。要怎样做才能不错过进入国学大观园的入口？找对方法很重要。你想想，任何学问都有它枯燥乏味的地方，但枯燥乏味并不代表毫无价值。米饭也无味呀！面皮也无味呀！为何餐餐不可或缺？

所以本书的写作重点不在国学的实用之处，而在于把心思放在揭示国学的有趣之处上，进而把它放大再放大，让它们就好像刚出炉的北京烤鸭或刚起锅的日本“亲子丼”一样，让人垂涎三尺。在读者将它们狼吞虎咽的同时，不也就把无味的面皮与米饭给扒入口了吗？

好了，把筷子、叉子拿出来，准备享受大餐吧！

目录

Contents

PART 2 国学中的“美”学问——文学之部

PART 3 国学中的“真”学问——历史之部

楔子

什么是国学?

为什么称作“国学”?

“国学”一词最早是由晚清的大学问家章太炎所提出的。在他的《国故论衡》及《国学略说》当中，都用“国学”来称呼研究中华文化及弘扬中国学术精粹的学问。由于后来的人开始普遍使用这个词，约定俗成，“国学”也就成为概括中国一切学问的总称。

由于“国学”博大精深，一直以来吸引了不少西方学者投身其中。这些学者中有称“国学”为“汉学”（Sinology）的。事实上“汉学”一词有两层含义，一层是相对于“西学”（西方学问的总称，由清末张之洞提出）的含义，即“国学”，而另一层含义，指的是相对于“宋学”（两宋时期，探讨儒家心性及修养方法的学术潮流蓬勃，后世称之为“宋学”），即钻研典籍字句及名物意义的学问，因为这种做学问的方法在汉代很热门，所以后世称它为“汉学”。译者将西方学者对国学的称呼“Sinology”译作“汉学”，有部分原因大概是西方学者为了奠定深入研究的语言基础，所以一开始多半先从汉语语言文字的研究着手的关系。

西方学者称“国学”为“汉学”，不过现在学术界已经习惯称本国的学问为“国学”，本书作为向社会广大读者介绍“中国学问”的桥梁媒介，循例使用“国学”称呼本书所想要说明的中国学术全体。

国学包括哪些内容？

国学浩如烟海，简单几句话是道不尽的。清朝的姚鼐认为中国学术的内容包括“义理”（哲学思想）、“考据”（研究语言文字、历史名物及考古等）及“辞章”（文学艺术）三大领域，但清末的曾国藩觉得这种讲法不大周全，因为姚鼐遗漏了“经世济民”（直接应用于生活的实用科学知识）这类学问。

今人高明先生的“中华学术体系表”对国学的内容解说得

较为完整，高明说考据之学的内容是考据文字、文籍及古物的学问；义理之学讲的是包含经学、诸子学、玄学、佛学、理学、宗教哲学及现代新哲学在内的学问；辞章之学指的是创作及批评文学作品的学问，广义上还可以包括对于非文字的其他艺术形态的探索；经世之学就是对自然科学、社会科学、应用科学和术数学的总称。高明对国学的分类和说明大致是没错的。

为什么要学“国学”？

中国可考的历史可以追溯到四千六百多年前，这四千多年以来所蕴含的文化能量不能小看。现下中国经济突飞猛进，成为仅次于美国的全球第二大经济体，西方世界甚至还出现“二十一世纪是中国的世纪”的说法。国外学习汉语及中华文化的人不绝于途，他们最先下手的就是“国学”——他们都想在国学典籍中寻宝，寻找那种能让中国在世界舞台上屹立不倒的近五千年的古老智慧。

正因为国学是中国优良学术的精华，是各式悠久中国文化的“总录”，所以自小学开始，语文老师就会在课堂的空当补充和课文相关的国学常识。但由于受到教科书选课主题和授课时间的限制，老师在课堂上针对国学知识的补充往往过于零散，没有系统。再加上授课老师为了大大小小的考试，不得不赶课再赶课，能在时间压力下对国学常识进行细致分析和心得分享的情况就更少了。基于以上几个原因，“国学”对一般年轻人而言往往是一条条无聊得要死，临到考试又得靠死记硬背来应付的枯燥资料，既无深度，又无内涵。

其实那些看似零碎不相关的国学片段，彼此之间是充满有机联结的，某某之因，往往是某某之果；某某现象，常常又和某某现象交互作用再同时出现，照理说是可以用有趣的方式对它们的关系进行串联理解的。国学同时也是中国学术的等比例缩小模型，懂了国学，就等于了解了中国学术的全貌。经常有人还没有具备对国学的基本认识，就急着想要打开典籍，去揣摩中国哲人们的想法、学习中国文豪们的创作、领略中国历史上的趣事，这举动很容易见树不见林，只知其然而未知其所以然。就像是拿着卫星导航却不知道要输入目的地，只拿着写有美食景点或民宿介绍的杂志，便握着方向盘横冲直撞一样。

国学的内容包罗万象，学习国学可以了解中国学术的梗概，作为学习文史哲及相关学问的知识基础，还能进一步认清自己的优质文化，坚定民族自信心。更重要的是，学习国学之后再结合世界各国文化，能激发出更符合现代生活所需的生命创意，为改善自己和他人的心灵质量尽一份心力。

根据前引高明先生的说明，国学中的义理和经世之学除了提升自我修养及完善自身境界之外，还能造福人群，是“善良”的学问；辞章之学在于创造美和传播美感经验，是“美丽”的学问；历史考据之学实事求是，是“真实”的学问。由于一个时代的思潮能左右一个时代的文学流行，而一个时代的文学流行能影响一个时代的历史撰述，所以在接下来的章节中，我将以义理与经世之学、文艺美学、历史考据为讨论方向，对国学的“善”“美”“真”三个向度进行导航。

1
PART

国学中的“善”学问——哲学之部

有天道焉，有人道焉，有地道焉

一、百花齐放、百鸟争鸣
——热闹非凡的东周论坛

与二十一世纪信息、知识大爆炸的情况不同，在三代以前，统治阶级管制了知识的自由流通，除非遇上高压统治的暴政，一般老百姓大多是能忍则忍，过着所谓“乐天知命”的生活，加上当时人口稀少，人与人、部落与部落之间较少因为争夺自然资源而发生摩擦。在满足生活所需的基本要求下，人们关注的是如何维系生命，思考抽象问题并非生活的重心。

商周之际，统治者清楚地意识到，维系政权才能确保自身利益，对异己的倾轧愈演愈烈。战争造成资源分配不均，兵灾危害生命安全，人民开始思索如何改变自己的生活，因而对提升物质与精神层面的知识十分渴望。

西周之后，诸侯从周幽王的身上看不到所谓的天德和天命，同时意识到自己确实可以代替周朝而起。在实力此消彼长的情况下，东周天子渐渐失去对诸侯的操控力，自身处境也变得日益危险。众强环伺的周王室岌岌可危，有识之士担心周朝所藏的珍贵典籍会遭到战火侵袭，便趁流亡时私自夹带出国。这一波珍贵典籍的外流，让其他异姓的诸侯国有机会一睹原本掌握在宗周姬姓人手中的知识，由此缩小了各国与周王室之间的知识差距。

之后，随着时间的演变，失去封地的没落贵族越来越多。在分配到的财产消耗殆尽之后，为了维持生活所需，他们只好开馆授徒，贩卖起原本只有他们才有机会习得的知识。加上生产工具的改善，动摇了原本的社会经济结构，新兴阶级挟着经济实力，进入学馆汲取知识。同时书写工具得到大幅改良，更促使知识快速传播。这第二波的知识解放，则是拉近了贵族与平民百姓的知识水平，加速了布衣士人的崛起。

随着周天子王权衰微，而边境诸如秦、楚等国不断开拓新领土、刺激新思想，自春秋战国时期开始，国际论坛显得热闹非凡。当天下诸侯都想逐鹿中原时，人才成了各国君主争先恐后争取的“稀有财宝”。君王求贤若渴，直接促进社会上鼓励学术研究的风气。那些没有官位与爵禄的布衣士人，为了实现理想或争取到更好的生活条件，积极穿梭于各国之间，宣扬理念。有人成功地得到了国君赏识，但也有不少人因此把命赔上。当时可以看到一群群文人策士游走于各国，五花八门的言论兴起，东周论坛就像春天的苑囿一样，百花齐放，百鸟争鸣。

诸子百家中，学说流播最广、影响也最深远的有道家、儒家、墨家、法家及名家五家。以下根据这五家代表人物的时代为顺序来介绍说明。

玄之又玄的道家

“道”这个字在构造上来看是从“首”从“辵”。“辵”有“走”的意思，“首”就是“头”，头朝着某个方向走，那便是“道”，“道”原本指的是头所引领的行进方向。因为“道”有“行进方向”的意思，后人就拿来指称“道路”。《说文解字》说：“道，所由道（导）也。”“道路”因为给了人方向和指引，就像先知能为人解惑，给人生命的方向，所以“道”又引申出“道术”这层意思来。

道家以“道”为名是因为代表人物老聃（春秋时人，代表作品为《老子》）和庄周（战国时人，代表作品为《庄子》），两人的言论都是围绕着宇宙运行的最高指导原则——“道”来展开的，所以包括老、庄在内及往后信奉老、庄思想的学者，统统被称为道家。

最好一辈子当小孩——老子

老子姓李名耳，字聃，一字伯阳，之所以称他“老子”，据说是因为他活了很久，而以“老”名之；至于“子”是古代对男子的美称。老子做过周朝的“守藏史”，这个职务相当于现在国家图书馆的馆长，也因为这样，老子看过不少书，据说年纪比他轻一点的孔子就曾经向他请教过礼仪方面的问题。

老子原本没打算用文字将自己的学说记录下来，但当他想要云游四方，途经函谷关时，关尹知道老子学问大，硬是要他写下自己的学说，于是写成了五千多字的《老子》。这本书后来分作上、下册，上册开头讲“道”，下册开头讲“德”，所以后世也称《老子》为《道德经》。

和先秦诸子热衷于谈论政治不同，老子将注意力放在宇宙的生成和运行上。经过对大自然的彻底观察，老子认为万物各有其运行的规律，这个规律运动由阴（反）阳（正）的此消彼长来呈现，这个阴阳运动的规律，老子称之为“道”。道的运动具有循环性，就像一年四季一样，春去秋来，循环往复。

正因为老子注意到所有事物的发展都具有循环性，所以他指出“物极必反”这条规则来。大雨不可能下一整天，狂风也不可能刮一早上，强极自然疲弱，阴尽就会阳盛。应用到对人事的理解上，他认为当你遇到不幸的事情，其实不用太过沮丧，因为最糟的情况已经过了，接下来再遇到的事和之前的倒霉事相比，都可以算是幸运的，所以之后的发展只会越来越好。

因为事物的发展若过于朝某个方面倾斜，一定会招致相反的结果，所以老子认为若想安康和顺利，绝对不能太过极端。在人事上，老子指出只有保持谦冲低下，让自己永远处于不足的状态，才不会往不好、坏的那个方面发展。老子提出两种让自己保持谦冲低下的建议，一种是“不争”，不要想着一定要去争取到什么荣华富贵，一定要去达到什么艰难目标，你不主动争取，自然没人想和你夺、没人会伤害你，等时机成熟了，原本你不争的反倒尽归你所有。另一种是“守柔”。老子发现会被风吹折的都是树枝，柔软的野草反而没事；会受到伤害的都是个性强硬的人，个性柔和的人反而受人敬爱，所以老子认为保持性格和身段的柔软，不去硬碰硬和人正面冲突，才是长久之道。

也正因为老子崇尚自然无为，追求与道一体的境界，所以他认为由人所创造的仁义道德知识等就好像加在人们身上的枷锁一样，限制了人们回归大道的可能。人们对仁义道德与知识懂得越多，自以为是的情况也就越严重，在无法接受不同意见的情况下，更不用说去体会道的运作、去理解道的珍贵了。同时这些枷锁还会被统治阶级所利用，加以改造后变成鱼肉乡民的工具。因此，从道的立场出发，老子反对道德的实践和知识的学习，最好是什么都不知道，“复归于婴儿”，因为唯有像小孩一样纯朴天真，才是最接近道的境界。

道在小蚂蚁身上——庄子

庄子姓庄名周，《史记·老庄申韩列传》说他是蒙人，据说曾当过小官蒙漆园吏（负责管理蒙地的漆园），他的时代差不多与孟子同时。庄子的思想大半保留在《庄子》里，因为唐玄宗给庄子“南华真人”的封号，所以唐朝之后《庄子》又称《南华真经》。庄子继承老子的思想，富有想象力且文采过人的他把老子的思想发扬光大。道家思想能够影响中国文化两千多年，庄子功不可没。

老子视荣华富贵如过眼烟云，庄子对这样的思想也奉行不悖。《庄子·应帝王》中有篇寓言，提到南海之帝儵和北海之帝忽到中央之帝浑沌那里做客，为了感谢中央之帝浑沌的招待，儵和忽两个人用了七天的时间在浑沌的脸上凿出眼耳鼻口等七窍。结果没想到七窍一凿好，浑沌就死了。庄子认为这是因为浑沌在有七窍之前，没有什么好吃的、好看的、好听的、好闻的可以诱惑他，让他生出欲望。没有欲望自然没有所求，没有所求就不会有患得患失的心情，所以浑沌才能够长生不死。一旦浑沌有了七窍，就有了欲望，尽管得以享受声色犬马，却也加速了他的死亡。

从这则寓言里可以看出庄子对欲望的憎恶。据说楚威王想迎接庄子到楚国当官，庄子一开口就回绝。因为庄子认为拥有尊贵的卿相爵位就好像养尊处优的牺牛一样，看起来日子好像过得挺惬意的，不过这些尊贵的卿相爵位就像用来圈养畜牲的牢笼，一旦进了牢笼，人想要再恢复自由之身就不可能了。

庄子豁达的处世态度也反映在他对死亡的看法上。庄子的老婆死了，庄子没哭，反倒跑到厨房里，拿出锅碗瓢盆来当伴奏的打击乐器，引吭高歌。他的朋友见了觉得不可思议，私底下议论纷纷。有多事的跑去问庄子怎能这么无情？庄子一劈头就说：“我老婆循着大道的运转而来到这世上，享了正常的人寿，死而回归大道。回归大道就像是回家一样，而且再也不用为世上的纷纷扰扰烦心，这不是很幸福的事吗？所以她死了我不唱个歌帮她庆祝一番怎么行？”

庄子认为万物的生死存毁都是大道运行的必然结果，无须害怕恐惧。人之所以会害怕死亡，是因为死亡后的世界对于人来说是未知的。但这就像骊姬还没嫁到晋国去一样，出嫁前哭死哭活，但嫁到晋国去之后，吃香的、喝辣的，再回头想到出嫁前的哭闹，骊姬大概觉得自己很蠢吧？庄子这么豁达，以至于他死前听到弟子们想厚葬他，还有点生气地说："你们把我的尸体放到野外，以天地为棺椁，用日月来陪葬岂不是很好？现在你们想把我埋到土里，将我的尸体从乌鸦秃鹰的嘴中抢来埋到地里去给蛆虫吃，是什么意思呢？"

庄子认为万物皆由道变化而来，所以从道的高度来看，人和其他事物是一体的。他之所以有这样的领悟是因为他做了一个梦，梦见自己变成蝴蝶，翩翩飞舞，好不快乐。由于这个梦实在太过真实，以至于他醒了都还有一段时间搞不清楚自己到底是庄周还是蝴蝶。他进一步想到："今天我之所以是人，不过是在道的运作之下偶然如此，我上辈子或下辈子搞不好就是蝴蝶或其他东西，这样看来，万物和我不都是一体的吗？"既然万物一体，人和其他事物也就没什么高下贵贱的分别可言，也正因为包括人在内的万物都由"道"生出来，都能体现"道"，所以当东郭子一再追问庄子说："您所说的道，究竟在哪里呢？"庄子便接连地说了"道在小蚂蚁身上""道在稊稗这种小草里""道在砖瓦里面"，甚至最后他还说："道就在大便里面。”因为庄子认为从“道”的角度来看万物，不论是蚂蚁、小草、砖瓦，还是大便，它们都是由道变化而来，我们都可以在它们身上看到奥妙的道。

道家关注玄之又玄的宇宙运行道理，和其他先秦诸子关心政治的态度很不一样。东汉佛教传入中国时，为了让世人理解佛教的玄理，一开始就有不少僧人利用老、庄的思想来解释佛学。汉末逐渐兴起的道教，教义更多是撷取老、庄的思想来进行发挥的。到了魏晋六朝，学术界流行谈论一些非关政治的议题，形成一股清谈的风气，时人最喜爱谈论的三部经典，除了《周易》，就是《老子》与《庄子》，这三部经典还合称“三玄”。

由于《老子》全书充满“正言若反”的智慧，对那些喜欢钻牛角尖的失意士人来说很有吸引力；而《庄子》全书洸洋自适，信手拈来，处处是生动活泼的寓言俚语，《庄子》书中的“扶摇直上”“沉鱼落雁”“螳臂当车”“相濡以沫”等，更成为后世沿用不绝的成语，明末著名的文学评论家金圣叹甚至称《庄子》为“第一才子书”。老、庄思想里一派闲适、恬淡、隐逸、高雅的气息，也不断成为后世文人创作的灵感来源。后世文坛中的隐逸、游仙、田园学派，可以说没有一个不是受到老、庄思想影响的。

想要进一步了解老子和庄子的思想，除了先看蔡志忠画的漫画《老子说》《庄子说》，也可以选读周生春的《白话老子》或陈鼓应的《庄子今注今译》。若想更深入研究老、庄思想，三国魏人王弼的《老子注》、清人王先谦的《庄子集解》、郭庆藩的《庄子集释》则是很适当的入门参考书。

《老子》和《庄子》的比较

	《老子》	《庄子》
篇章	分道、德两篇，共八十一章，五千余言	《汉书·艺文志》记五十二篇，今存三十三篇，内篇七、外篇十五、杂篇十一
异名	《道德经》	《南华真经》
作者	《史记·老庄申韩列传》："老子者，姓李氏，名耳，字聃，周守藏室之史也。"	《史记·老庄申韩列传》："庄子者，蒙人也，名周。周尝为蒙漆园吏。"

儒家和道家都读它——《易经》

凡是人都想预知下一刻自己会遇上什么事，尤其是上古先民们由于自然科学知识仍有局限，身家性命时时刻刻受到大自然的威胁，他们对于生命中的未知充满难以言喻的恐惧。为了消除这种对未来的不确定感，他们试着找出操作上不太难的方法，希望可以由此窥知天道的运行和自己的命运。

其中有一种方法，是利用烧灼动物的骨头或外壳，借由上面显现的裂痕来判断吉凶。因为骨头或外壳在烧裂的一刹那会发出“噗”的一声，所以这个方法就叫“卜”，而“卜”的字形也表现出裂痕的意思。另一种方法是随机拣选某些植物的茎或叶，经过干燥制成签，根据将之从空中抛落后所呈现的分布形状或数量，以推算命运，这方法便叫“筮”。《易经》记录的就是先人对“筮”运用的结论。

《易经》的基本组成符号主体是象征阳性的“⚊”爻和象征阴性的“⚋”爻。用杠杠来做基本符号，反映出“筮”的工具本质——一根根植物的茎或叶。阴阳爻排列在三个爻位中的八种卦形，称“八卦”，它分别是乾☰、兑☱、离☲、震☳、巽☴、坎☵、艮☶、坤☷，对应到自然界分别代表天、泽、火、雷、风、水、山、地。八卦的组成是两种符号排列组合的结果，用今天的话来解释，就是“二的三次方为八”。

根据《周易·系辞》，八卦是伏羲看了河图洛书之后创造的。什么是“河图”？什么是“洛书”？《礼记·礼运》记载伏羲时代黄河出现一匹龙马，身上有文彩图案，伏羲照着描绘下来，因为出于黄河，所以称这个图为“河图”。至于洛书，传说在黄帝（一说是大禹）时代，洛水中浮出一只神龟，它背甲上有九宫花纹，黄帝照着记下，因为出自洛水，所以就称它为“洛书”。不过“河图”“洛书”都只是传说而已，谈不上具有什么历史真实度。

一看到《易经》，大家直接联想到的就是《周易》。事实上《易经》至少有三种版本。在易学界称作“三易”，即《连山》《归藏》和《周易》。汉代的经学家认为《连山》是夏朝通行的《易经》，采艮卦为第一卦；《归藏》是商朝通行的《易经》，采坤卦为第一卦；而《周易》，顾名思义就是周朝通行的《易经》，采乾卦为第一卦。由于《周易》在汉代以后进入儒家的经典系统当中，所以现在讲《易经》主要指的是《周易》，本书亦然。

由于八卦的使用，变化太少，后来又有人将各卦两两相重，叫作“重卦”，也就是把两组三个爻重叠成为六个爻，因而得出六十四种变化（八乘八）。在下方的称为下卦或内卦，在上方的称为上卦或外卦。是谁发现八卦的使用充满限制而予以重卦的呢？据《周礼正义》记载，伏羲、神农、夏禹、文王都有可能，但综合考虑卜筮之法的兴起时间，以文王重卦的说法最为可信。

但只有卦或爻，仍然太过简略，于是就有人利用简单的文字予以解释，分别叫卦辞和爻辞。写作卦、爻辞的人，有人说是文王，有人说是文王和周公分工，还有人说是周公或孔子独力完成。从卦、爻辞的内容来看，二者具有一体性，不像是二人或二人以上合作完成的。从卦、爻辞所提到器物、习用语法和援引史实推论，应该是写成于周武王时，后来孔子及门人用作教科书，也有所润饰和整理。

除了《周易》，还有附在其中的《易传》，内容解释说明《周易》经义，还兼以发挥天道人事之间的道理。因为它分成“彖辞上下、象辞上下、系辞上下、文言、说卦、序卦、杂卦”，一共是七段十个部分来对《周易》进行说明，对阐发《周易》而言就像是给鸟装上翅膀一样那么有帮助，所以这十个部分又叫“十翼”。一开始大家认为“十翼”是孔子所撰，不过宋朝之后陆续有人质疑，例如清人崔述指出魏襄王墓所出的《易经》并未见“十翼”；钱宾四和屈万里指出“十翼”与《论语》思想并不一致；戴静山指出“十翼”文体比较像是战国后期南方儒者的作品。

《易经》用简易的符号和简短的文字就能概括说明宇宙间的所有变化，所以它的哲学色彩很浓厚，汉代的郑玄曾用“三义”来概括《易经》的哲学特征，其一是“简易”，因《易经》内容简单，却能概括无穷的天道人事变化；其二是“不易”，指《易经》取法宇宙运行的变化，提出来的道理永恒不变；其三是“变易”，指《易经》各卦所象相生相变，生生不息，变动不止。

《易经》的最大价值在于它指出了天地间运行的变化规律，而儒家又根据这些规律，附会上天地生生之大德和君臣有义、父子有慈、夫妇有爱、兄弟有悌、朋友有信的伦理思想。儒家思想在汉朝之后流行于政坛，《易经》也就跟着流布散播开来。

《易经》最强调“中”，“中”是无过与不及，名分相符正中。万事得中，自然发出和平淳良之气。《易经》的“居中”也就成为历代不少哲人所崇尚的人生哲学。除了“中”，《易经》还推崇“天人合一”——人只要能效法天地之德，自强不息，就能达到天地那般化育万物的最高境界。

由于《易经》揭示天地宇宙运行之道，为很多读书人提供一种人生的指导，加上书中内容言简意赅，便于穿凿附会，所以儒家和道家都读它，也都运用它来推广自家的理论。而中国思想家，若不是崇儒，便是扬道，所以《易经》的思想渗透到了中国人生活的各个方面。

历来研究《易经》的人很多，有的人重视它所谈的人生道理，有的人喜欢它揭示的命理，还有的人结合它和阴阳学说，衍生出五花八门的著作。若要摒除这些干扰，可以先看谢大荒的《易经语解》，此书阐发义理，对各种卦体进行解释，对初学者很有帮助。想要进一步了解义理，又不想丢掉象数的部分，也可参看孔颖达的《周易正义》或朱熹的《周易本义》。

从五经到十三经

时代	出处	经典数	内容
战国	《庄子·天下》	六经	《诗》《书》《礼》《乐》《易》《春秋》
汉	立于博士学官	五经	《诗》《书》《礼》（汉指《仪礼》，唐改为《礼记》）《易》《春秋》
汉	《后汉书》李贤注	七经	《诗》《书》《礼》《乐》《易》《春秋》《论语》
南北朝	《宋书·百官志》	十经	《易》《书》《诗》《周礼》《仪礼》《礼记》《左传》《公羊传》《穀梁传》《论语、孝经合刊》
唐	《唐书·儒学传》	九经	《易》《书》《诗》《周礼》《仪礼》《礼记》《左传》《公羊传》《穀梁传》
唐	“开成石经”	十二经	《易》《书》《诗》《周礼》《仪礼》《礼记》《左传》《公羊传》《穀梁传》《论语》《孝经》《尔雅》
五代	“蜀石经”	十一经	《易》《书》《诗》《周礼》《仪礼》《礼记》《左传》《公羊传》《穀梁传》《论语》《孟子》

续表

时代	出处	经典数	内容
宋	朱熹合《论语》《孟子》《大学》《中庸》为“四书”	十三经	《易》《书》《诗》《周礼》《仪礼》《礼记》《左传》《公羊传》《穀梁传》《论语》《孝经》《尔雅》《孟子》
宋	史绳祖《学斋拈毕》	十四经	《易》《书》《诗》《周礼》《仪礼》《礼记》《左传》《公羊传》《穀梁传》《论语》《孝经》《尔雅》《孟子》《大戴礼记》
清	章炳麟《检论·清儒篇》	二十一经	《易》《书》《诗》《周礼》《仪礼》《礼记》《左传》《公羊传》《穀梁传》《论语》《孝经》《尔雅》《孟子》《大戴礼记》《国语》《史记》《汉书》《资治通鉴》《说文解字》《周髀算经》《九章算术》

十三经重要注疏

书名	注疏者
《周易》	魏·王弼、韩康伯注，唐·孔颖达等正义
《尚书》	汉·孔安国传，唐·孔颖达等正义
《诗经》	汉·毛亨传，汉·郑玄笺，唐·孔颖达等正义
《周礼》	汉·郑玄注，唐·贾公彦疏

续表

书名	注疏者
《仪礼》	汉·郑玄注，唐·贾公彦疏
《礼记》	汉·郑玄注，唐·孔颖达等正义
《左传》	晋·杜预注，唐·孔颖达等正义
《公羊传》	汉·何休注，唐·孔颖达等正义
《穀梁传》	晋·范宁注，唐·杨士勋疏
《孝经》	唐·唐玄宗御注，宋·邢昺疏
《论语》	魏·何晏集解，宋·邢昺疏
《尔雅》	晋·郭璞注，宋·邢昺疏
《孟子》	汉·赵岐注，宋·孙奭疏

仁义道德至上的儒家

不是老师爱啰唆——《论语》

孔丘，他的先祖是宋国贵族，五代祖因为避乱而逃到鲁国。他的父亲叔梁纥是鲁国陬邑大夫，孔武有力，有些战功，但因为子嗣不盛，陆续娶了几门妾。娶孔子母亲颜徵在时，叔梁纥已经六十多岁了。由于老少配不符合当时的优生学观念，所以史学家说他们是“野合”——意即不合乎礼而结合。

颜徵在为了一举得男，抽空跑到尼丘山上祈祷，后来果然生下孔子。为了纪念这事，就将孔子取名为丘，由于孔子上面还有个大哥，所以字仲尼——“仲”是排行老二的意思。叔梁纥是老来得子，所以在孔子很小的时候，叔梁纥就过世了。为了谋生，孔子年轻时做过管账和管牛羊的小官。由于孔子是个尽忠职守且有能力的人，这些工作自然做得有声有色。同时孔子也没有浪费和其他贵族接触的机会，广泛地向有学问的人学习六艺——礼、乐、射、御、书、数，并且深入思考重要典籍的思想价值。

有了年轻时期所奠下的深厚基础，三十岁之后孔子开始收徒讲学并着手对典籍进行整理。其间虽因为季孙氏、孟孙氏和叔孙氏发动的政变而出走齐国，但出于对鲁国的热爱，之后没多久，孔子仍然选择返回鲁国。后来孔子也陆续做了鲁国的中都宰、司空、大司寇等，政绩卓越。不过当孔子看到在位的鲁定公和掌权的季桓子整天沉迷于声色，不思国政，知道自己想要矫正乱世的理想难以在鲁国实现，就弃官离开鲁国，带着学生周游列国，四处宣扬仁政德治。

无奈当时各国都只注重如何富国强兵，对孔子所提出的“仁义”“忠恕”主张并无太大的兴趣，孔子只好又回到鲁国，重执教鞭，并积极整理古文献。孔子晚年对《诗》《书》《礼》《乐》《易》《春秋》进行了系统的整理，他门下的三千弟子在各国或身兼要职，或开馆授徒，儒家学术因此开枝散叶，对中国的发展影响非常大。孔子七十一岁时，得意门生颜回去世，七十二岁时，他所重视的弟子之一——子路也因得罪当道而被剁成肉酱，种种打击之下孔子最终与世长辞，享年七十三岁。据《拾遗记》说，和出生时一样，孔子去世时也出现了代表祥瑞的麒麟，只是这个祥瑞，并不是来预告太平之世即将来到，而是在吊唁圣人的离去。

孔丘和学生、名人的相互应答，或学生、名人相互应答而为孔丘所获悉的言论，当时都分别由他的学生记录下来。孔丘死了，他的学生及学生的门人便将这些记录加以整理，编成《论语》一书。

《论语》一开始叫《论》或《语》，称为《论语》是汉代以后的事。为何孔子及学生时人讲的话，编辑成书要叫作《论语》呢？东汉刘熙认为《论语》讲的都是和伦理有关的事，在人为“伦”，在语为“论”，所以叫“论语”；北宋邢昺认为读《论语》可以“经纶世务”——习得处置人事、统治之术，所以叫“论语”；元人何异孙认为书中内容在讨论文艺，所以才叫“论语”。其实中肯一点的说法应该是此书记录孔子的议论和言语，由学生及门人讨论之后予以写定，所以才命名为“论语”。

《论语》是孔子、孔子学生、时人的对话记录，这种以对话方式书写的体裁称为“语录体”。在汉代以前，《论语》有好几种本子，有流行在鲁地的鲁论，篇数与篇名和现今通行本相当；有出于孔壁的古论，较鲁论多出《子张》篇；有流行在齐地的齐论，与鲁论相比多出《问王》《知道》两篇。另外还有张侯论，是汉成帝时张禹以鲁论为底本，再参考齐论、古论所编成，这也是现今通行本的底稿。

今本《论语》共分二十篇，四百九十八章，一万六千多字。内容有讲个人修养的，有讲社会伦理的，有讲政治主张的，有讲人生哲学的，有批评学生、门人、时人、古人的，有弟子时人评价孔子的，也有记录孔子或其弟子门人言行的。其中孔子讲修养、伦理、政治的居多，这是因为他认为一个读书人该有温柔敦厚的基本涵养，所以他谈论修养；而修养落实到人与人的互动上，那便是注重三纲五常，所以他重视伦理；一些济世的想法和念头，总要有国家机器才好推动，才能帮助更多人，所以他亲近政治。他不是只有自我要求而已，他希望他的学生们也能够做到，更进一步地把他的想法传承下去，时时去实践它，所以《论语》里不时可以看到他对学生或赞赏鼓励（如对颜回），或斥责要求（如对子路和宰予）的对话。

孔子身为中国历史上第一个开放教育、下放知识的贵族成员，对中国的教育普及做出了重大贡献。孔子提倡“有教无类”，使老百姓获得以往被掌握在贵族手上的知识，使众人均能享有受教的权利；孔子对门下学生的个性进行长期而深入的观察，并对不同禀赋的学生有不同的教学方法，“因材施教”；除了言教，重视人品培养的孔子，更是以身作则，他的得意门生颜回便深赞：“仰之弥高，钻之弥坚，瞻之在前，忽焉在后”；而孔子的教育，并不是单向的一味填鸭，他要学生学思并重：“学而不思则罔，思而不学则殆”；给予适当的引导后，学生若发愤向学，孔子便“循循善诱”，“叩其两端”；若学生“举一隅不以三隅反，则不复也”，确定学生确实了解，更不会乱赶教学进度。

孔子的教育方法和观念，给后来的老师们树立了典范，给品德教养确立了标准。他在政治上所提出来的见解——“君君、臣臣、父父、子子”“正名”（名实相符）、“为政以德”等，也成为后世政治家的座右铭。孔子所提倡的积极入世、经世济民，对于改善社会条件、提升人类全体的生活品质带来很大的益处，也难怪北宋赵普会说“半部《论语》可以治天下”了！

想要对《论语》的全盘思想体系有所了解，邱镇京的《论语思想体系》很好入手。但《论语》毕竟是儒家的重要宝典，历来予以注解的，代不乏人。朱熹的《论语集注》吸收宋以前的众注精华，清人刘宝楠的《论语正义》以何晏本为基础，集诸家之大成，都可以参考。

不信真理唤不回——《孟子》

《孟子》一书所载为孟轲的言论。孟轲是战国邹人，生卒年与庄周相当。据说孟轲是鲁国贵族孟孙氏的后代，当然，到孟轲这一代就已经家道中落了。孟轲三岁丧父，孟母艰辛地将他抚养成人。孟母管束甚严，为了寻得好的成长环境，不惜三次迁徙，“孟母三迁”的故事大家是耳熟能详的。孟轲虽然在严母的要求下用心读书，但也总有疲乏懒散的时候。孟母看到孟轲无心于学，便当着他的面，将费心纺好的纱剪成两半，并以此警诫他，为学中断就有如被剪成两半的纱，是很难挽回的。这个“断杼教子”的故事也成为后世母教的典范。

孟轲自己说私淑（私底下旁听学习）孔丘的学生，也有一派说法说孟轲跟从孔丘的孙子子思的门人学习，推算一下时代，这个说法大致是没错的。孟轲的学习特别将心思放在儒家的政治理论上，由于他是孔丘之后，第一位继承并大大发扬孔子思想的人，成了一代儒家宗师，后来的人称他“亚圣”——仅次于“至圣”的孔子，并与孔子合称“孔孟”。

孟轲像孔丘一样，也带领着门徒到各国游说。但是他的仁政德治不符合当时社会一味崇尚功利的风气。在没有国君愿意重用他的情况下，孟轲退隐，专心讲学，且与弟子一起著述。撰有《孟子》七篇传世：《梁惠王》上下、《公孙丑》上下、《滕文公》上下、《离娄》上下、《万章》上下、《告子》上下、《尽心》上下。另外还有所谓外篇四篇：《性善辩》《文说》《孝经》《为政》。清人丁杰《孟子外书疏证》认为那是姚士粦伪作，在此姑且不予讨论。

关于《孟子》的作者，汉代以前都认为是孟轲自著，如司马迁《史记》、应劭《风俗通义》、赵岐《孟子题辞》等都这么认为。但三国之后，开始有人怀疑《孟子》应是孟子门人所记，南宋晁公武在《郡斋读书志》考证《孟子》，认为孟子所见诸侯都称谥号，可见其书是后人所记；梁启超《要籍解题及其读法》也指出《孟子》全书对孟子门人多称“子”，应该不是孟轲自著。

南宋时朱熹将《孟子》与《论语》《大学》《中庸》合在一起称作“四书”。从此直到清末，“四书”都是科举必考内容。

孟轲的所有学说，都以“性善”为其出发点。孟轲认为人天生就是善良的，只要因循天生的善性予以教育，使善性发展，人人都可以成为具有高尚德行的人。这样的想法落实到政治上，孟轲提出“仁政”“德治”——改善人民的经济条件、爱民如子；

“王道”——臣民愿意支持的有德之君，自然能称王天下。孟轲甚至提出了革命的思想，认为如果君王暴虐，那可以杀了他，取而代之。孟轲努力追求“尽心、知性、知天”的境界，为能达到此精神境界，他提出了两种修养方法，“养气”——培养浩然之气，以及“求放心”——追求放心的本心，这是强调自觉、向内追求的修养道路。孟轲认为一旦达到这种境界，人的精神力量是无比巨大的。

虽然孟轲的思想承续儒家而来，但他讲学论说并没有儒家的温柔敦厚。这是因为孟轲生长的年代，是一个“圣王不作，诸侯放恣，处士横议”的乱世，各国刀兵相见，当时社会上流行的思想不是道家的顺应无为，就是墨家的博爱思想。孟轲认为若要维系道统于不坠，就要用辩驳的口气和文章来说明自己的思想和立场。孟轲自己也不想做个辩才无碍的人，所以他说：“予岂好辩哉，予不得已也。”在那个没有文化教养、礼崩乐坏的时代，实在是不得不用辩才来宣示自己的立场呀！

孟轲继孔丘而起，他的学说长久影响了儒家人性论、修养论、政治论的申说，但他的贡献并非仅止于此，孟轲文章好雄辩，以浩然气势发出仁义的言论，不只内容精妙，而且文采斐然。像在《梁惠王》上，他用“五十步笑百步”说明梁惠王好战残民，其实与不仁的邻国相同，譬喻精警；在说理时他层层演绎，“天时不如地利，地利不如人和”即是一例；在论辩时善于掌握对方的心理状况，因势利导，使对方无从反驳，像他想质问齐宣王：“四境之内不治，则如之何？”但先铺了梗，接连问起：“如果有人远行，请朋友帮忙照顾妻小，没想到回来之后妻小都饿坏了，你要怎么面对这个朋友？”“官员管不好他的手下，你要怎么处置这个官员？”并让齐宣王顺口讲出“和朋友绝交”“罢免这个官员”这些合情合理的答案，最后孟子再回扣问题：“四境之内不治，则如之何？”结果让施政成绩不太理想的齐宣王无话可说，顾左右而言他。此外，《孟子》还运用许多诸如排比、夸饰等增强气势的修辞法，在叙述寓言时格外生动，说它是中国短篇小说之祖也不为过。《孟子》一书对中国散文，特别是议论性质的古文发展有着非常深远的影响。

想要研读《孟子》，朱熹的《孟子集注》内容四平八稳，读了不会有错；而清人焦循的《孟子正义》以赵岐的注为底本，所集引的注解都是章句训诂的资料，对理解《孟子》词义十分有帮助，梁启超也认为此书是清儒正义中最好的一部著作，另外坊间有许多“四书”的白话本子，读者不妨参看。

后天的努力更重要——《荀子》

荀况，字卿，约战国中后期赵国人。他是先秦最后一位儒家大师，之后左右秦国国策并促成秦国一统天下的李斯和韩非，都是他的学生。荀况一生到过很多地方，他曾在齐国停留很久，并在稷下学宫跟各个学派的学者进行学术交流和讨论。荀况在稷下学宫的讲学对传播儒家思想有很大的帮助。由于荀况的礼学根底很好，曾担任过两次齐国学宫祭酒（行礼时的首席）。离开齐国之后，他去过秦国和赵国。晚年荀况进入楚国担任兰陵令，著书立说，卒于任上。

荀况是少数能够谋得官职以遂行志向的儒家。他的学问渊博，继承儒家学说之外，又吸收诸子百家的长处，并建立起自己的思想体系。现存的《荀子》三十二篇，绝大部分是荀况自己的著作，但书名称荀况为“子”，肯定是后来加的。

荀况的学说涉及人生哲学、名学、逻辑推理、政治哲学、礼学等许多方面。他的思想有几个特别的地方，例如他对人性的看法，就和先秦儒学另一大家孟轲完全相反。荀况着眼于人的动物性，认为人天生就会争取、抢夺资源，彼此交恶。而人之所以为善，那是通过后天的矫正达到的。正因为荀况认为人性恶，所以他特别强调教育——礼教的重要，而礼教又是法治的基础和灵感来源。荀况提倡礼治，对后来法家的兴起，起了关键性的作用。从礼治出发，荀况重视“尊君”，而君要为民所尊，必须为人民提供良善的物质生活条件，所以荀况又强调“富国”“强国”。他重礼治、倡尊君，二者都给法家的政治理论奠定稳固的基础。

先秦儒家认为天道依着义理运行，道家认为天道依着自然运行，墨家认为天道依着奖善罚恶的规则运行，荀况不像孔丘和孟轲主张“道德天”，他认为天的运作和人为一点关系也没有，人应尽力去改善生活，不要去一味追求知天——知道天的运行原则，因为一味追求知天是徒劳无功的。

荀况论学，走的是和孟轲不同的道路：孟轲认为实践道德的答案就在人自己身上，荀况则重视后天的由外向内的学习。在《劝学》里，荀况举了好多自然界的例子，诸如“蓬生麻中，不扶而直；白沙在涅，与之俱黑”，认为只要好好学习，纠正自己的劣根性，再去亲近圣贤，就算是普通人也能成为像尧舜那样的圣人。荀况的主张着重于人的努力，影响了后来非议“命定论”、强调人定胜天的一些思想，像汉代反对虚妄而强调现实验证的王充、唐代反佛的韩愈和李翱，他们以人为主，不讲怪力乱神的思维，多少可以说是来自荀况。此外，荀况指出天道的运行不过是一种自然现象，人不用惧怕天，也无须刻意去迎合天意，只要把本分做好便可。这种理智主导的天道观念，已经具有科学思想的影子，是中国科学思想发展的重要起点，而荀况提出的礼治，促成法家理论的成熟，大大推进了中国由礼治迈向法治的进程。

除了思想上的价值，《荀子》中的文章论题鲜明，结构严谨，说理透彻，有很强的逻辑性，每篇都是十分成功的议论文。荀况说理善于比喻，为了加强文章气势，排比和对偶也用得很多，这对后来的说理文章有一定影响。另外《荀子》中还收有礼、智、云、蚕、箴（针）五篇短赋，采用类似猜谜的方式进行写作，前半段叙述物况，后半段才揭开谜底，这开创了以赋为名的文学体裁。另外书中的《成相》用当时民歌的形式来表达自己的政治、学术思想，对促进民间讲唱文学也有所贡献。

由于荀况倡性恶，为后来的儒家所排斥，所以直到唐朝才有了一位名叫杨倞的人为它作注。若要研读《荀子》，清人王先谦的《荀子集解》是最佳选择，不过今人王忠林《新译荀子读本》也可取来佐读。

另外，讲到重视名学和后天学习的荀况，就不能不提到《尔雅》。《尔雅》是一本收引古今天下同实异名的专词，以沟通官方语言和地方方言的训诂专书。这本书为何取名“尔雅”？清人阮元做了很好的解释：“尔雅者，近正也。正者，虞夏商周建都之地之正言也。近正者，各国近于王都之正言也，亦犹今日各省之音近于官话者。”

关于《尔雅》的作者，三国魏人张揖认为是周公所作，东汉郑玄认为是孔门人所作，北宋欧阳修认为是秦汉间学者为求解诗而集成的训诂书，今人屈万里考证书中“霍山为南岳”，认为汉武帝后才称霍山为南岳，所以此书应是汉武帝或之后的人所著。综合各家看法，当以屈说最为恰当。

《汉书·艺文志》记载《尔雅》共有三卷二十篇，不过今本只剩十九篇，根据书中内容可分为七大类，解释词语意义的，收在《释诂》《释言》《释训》；解释亲属关系的，收在《释亲》；解释器物名目的，收在《释宫》《释器》《释乐》；解释天文现象的，收在《释天》；解释地理名词的，收在《释地》《释丘》《释山》《释水》；解释植物名词的，收在《释草》《释木》；而解释动物名词的，则收在《释虫》《释鱼》《释鸟》《释兽》《释畜》等篇当中。

《尔雅》的写作方式，前三篇将一组组意义相近的字词整理在一起，加以解释，目的在于疏通古今语言的不同，这和现下翻译机中的“同义词”查询很像，只要索得一个字词，就能查到其他同义词。《尔雅》的后十六篇则是以内容相近的字词群为单位，分别加以解释，会如此做是因为这些字词的内容容易混淆，《尔雅》这番整理可以发挥分辨相似字词的作用。无论是前三篇，还是后十六篇，《尔雅》全书几乎都采用“义训”的方式——直接说明字词意义。

《尔雅》记载的原始语言材料，里面有些文字后来的人已经不用了，多亏《尔雅》把它们保存下来。由于《尔雅》采用义训，这给两汉兴盛起来的训诂学提供了很好的借鉴。《尔雅》本身不失为一本初具规模的类书或词典，它为类似的工具书开了很好的头。此外，因为《尔雅》广收各类词汇，其中包括各式动植物的名称，还给了它们简单的解释，这为后来的博物学提供了研究的资料。不论从哪个方面来看，《尔雅》都是一部极重要的典籍，它的内容有如一部古代的百科全书。

想要深入了解《尔雅》，取东晋郭璞注、北宋邢昺的《尔雅注疏》来使用最为稳当。清人邵晋涵的《尔雅正义》解析《尔雅》规模最为完备；清人郝懿行《尔雅义疏》释例精密周到，此二书也可以参考。

来而不往非礼也——三礼

所谓“三礼”，指的是《周礼》《仪礼》和《礼记》。《周礼》和《仪礼》据说是周公所著，但宋朝之后，开始有人对这种说法提出质疑，有人认为《周礼》是刘歆伪造的古文经书，《仪礼》该是孔丘制定的才是。近人屈万里根据这两本书的思想特色，判断它们的著作年代应该是在战国。

《礼记》是汉儒戴德、戴圣从汉以前流传的礼的笔记二百余篇中取材，又结合汉人若干新的笔记而成。戴德一开始是编成八十五篇，后人称“大戴礼”；戴圣再予以删减，成为四十六篇，称“小戴礼”。到了东汉马融又加上三篇，合成四十九篇，即今《礼记》的面貌。

《周礼》讲的是政府职官组织，全书分为六篇:《天官》《地官》《春官》《夏官》《秋官》《冬官》。《冬官》到汉代已经亡佚，时人取《考工记》予以补足。六官提出以现实为基础的理想化政府体制的主张。

《仪礼》讲的是迎来送往的日常生活仪节，共有十七篇，今传本用的是刘向的本子。书中记载有冠、昏（婚）、丧、祭、乡、射、朝、聘八种礼节。现在有些学校为了让学生能够确立自己的志向，为自己的人生负责，会在学生满十八岁时举行成年礼，这就是冠礼的一种。昏（婚）礼，顾名思义就是规范结婚的流程，为了表示慎重，从相亲到下聘，再到结成连理，每个细节都有详细的说明。现在很多地方举办婚礼前需要大聘、小聘，就是沿用昏（婚）礼而来的习俗。丧礼讲的是家人去世直至下葬，这期间的所有礼节，现代人办丧礼讲究用丧服等级表示与亡者的亲疏关系，便是受到《仪礼》的影响。而祭礼讲到如何祭祀鬼神，乡礼和射礼讲到宴席之间的礼节，朝礼和聘礼讲到天子与诸侯、诸侯与诸侯之间合礼的互动模式，几乎所有的社交行为应当遵循的礼仪，《仪礼》全都涵盖了。

《礼记》全书分成四十九篇，相较于《周礼》与《仪礼》，它的内容较为驳杂，一类讨论的是礼的观念（如《曲礼》上下、《内则》《少仪》《深衣》《玉藻》），另外一类讨论的是特定的议题，像针对冠、昏（婚）、丧、祭、乡、射、朝、聘八种礼节的各种讨论。此外，还有一类是通论礼的含义（《礼运》《礼器》《郊特牲》《经解》《哀公问》《仲尼燕居》），或通论与礼有关的学术思想（如《孔子闲居》《乐记》《学记》《大学》《中庸》《坊记》《表记》《缁衣》《儒行》），所占篇幅颇多。这一类当中，《大学》从内心的修养讲到如何建立功业，包含一切做人的道理；《中庸》讲到不偏不倚、无过与不及的天人合一之道，南宋朱熹便将这两篇连同《论语》和《孟子》合为儒者必读的“四书”。元代之后“四书”还成为科举考试必考的篇章，其重要性可见一斑。

从内容上看来，《礼记》的内容和主题并不统一，就像现在学生在课堂上做笔记，老师讲到什么，学生就记下什么，《礼记》其实就是一部礼学的笔记。“三礼”充分记载了先秦礼制和礼学思想，有些篇章成于汉初，但全书已在战国秦汉之际确定，其中传达的礼学精神可以和儒家倡导的礼节起到互补的作用。

研究三礼，最基础的参考书就是三礼的十三经注疏本，但这对初学者来说可能过于艰深。今人钱玄的《三礼通论》和周何的《礼学概论》，论述精当，而研究礼学大家郑玄的李云光所著《三礼郑氏学发凡》，对汉以后儒者眼中的三礼，解说得十分清楚，都可以参看。

百善孝为先——《孝经》

儒家经典“十三经”中，只有《孝经》自名为“经”，这是因为“夫孝，天之经，地之义，民之行也。举大者言，故曰《孝经》（《汉书·艺文志》）。”汉朝在政治上实行黄老治术，在思想上则强调“孝顺”，所以谈论“孝”的书籍，很自然地就跻身群经之列。

关于《孝经》的作者，东汉的班固和郑玄都认为是孔丘，司马迁《史记》认为是孔门中以孝闻名的曾参，宋代的司马光和晁公武以书中称曾参为“子”，认为该书是曾参门人所写，南宋王应麟认为该书是子思的作品，朱熹则认为其中有部分抄自《左传》《国语》，是汉人伪作。就事证而言，《孝经》的作者目前还很难断定，但从汉代诸位帝王不断强调孝道这点看来，《孝经》的成书肯定和汉儒脱不了关系。或许原始的《孝经》出自孔丘及七十弟子和其后学，到了汉代才经儒者的润饰，终于成就今本《孝经》。

《孝经》到了汉代，出现今、古文版本的差异。今文《孝经》是秦始皇下令焚书时，由河间人颜芝偷偷藏起来的。到了汉惠帝解除挟书令后，颜芝之子颜贞就把它进献给河间献王，尔后用隶书写定，所以称它为今文《孝经》。古文《孝经》则是汉景帝时，鲁恭王为了扩充居所，拆毁孔子旧宅，在墙壁里发现的，由于该壁中的藏书是用先秦的蝌蚪文写成，所以称它古文《孝经》。其实今、古文《孝经》内容并无太大的不同，章数上的差异也只是分章方法不同造成的结果。现在我们看到的《孝经》主要是依据今文本所编成。

《孝经》的中心思想就是“孝”，该书开宗明义，第一章就说：“孝，始于事亲。”事亲不是只有奉养父母而已，“生事爱敬，死事哀戚，生民之本尽矣！死生之义备矣！孝子之事亲终矣！”父母在世时，应该恭敬地对待，使其快乐；父母生病时，则细心呵护，时时了解病情，表达关心；父母过世，也要长存孝思来怀念他们。

使父母长辈开心，除了生活上的关怀外，还要让他们不烦忧。父母的烦忧主要来自子女，所以子女必须将自己照顾好：“身体发肤，受之父母，不敢毁伤，孝之始也。”为人晚辈者，还必须接续父母传播下来的氏族香火，使生命连绵不绝，即：“父母生之，续莫大焉。”

孝道的实践，主要在提升自己和父母、手足之间的亲情关系。更上一层，孝道不拘于对父母的敬养，而是能由近及远，由爱家至爱国：“君子之事亲孝，故忠可移于君；事兄悌，故顺可移于长；居家理，故治可移于官。”有德的人对父母孝顺，就能把这个精神转移到对君王的忠心；尊敬兄长，很自然地对长官就能顺从；能把家里的琐事理好，管理众人之事时自然就能得心应手，最终，能仰不愧于天、俯不怍于人，将小孝发挥成大孝，这才算是合格的孝子。

想要阅读《孝经》，有唐玄宗作注、北宋邢昺为疏的十三经本和明人黄道周的《孝经集传》，今人汪受宽的《孝经译注》也可以参考。

爱别人甚过爱自己的墨家

墨家是墨翟所创的。大部分人认为墨家以“墨”为名，是因为开山祖师姓墨的关系。但是钱宾四先生提出一个新的看法，他认为墨翟并非姓墨，而是因为墨翟的主张（详后）让自己的生活条件与皮肤墨黑的刑徒一样，所以开山祖先翟才被冠上“墨”这个形容词。钱先生的说法也不是没有道理。

墨翟其实是先学儒家思想的，但是他们发现，儒家的末学过度崇尚礼乐，为了应付繁文缛节所产生的支出让老百姓承受不了，贵族阶级也为了摆出合乎礼仪的排场，花费无度，贵族乱花钱，倒霉的又是被剥削的老百姓。

因此，墨翟提出来的主张，几乎都是针对儒家而发。例如他讲“节用”“节葬”“非乐”，就是看到依儒家说法进行厚葬、享用音乐的人劳民伤财，才提出的。他的“非儒”更进一步指责儒家都是靠提倡礼乐才能得利，话讲得很难听：“因人之家以为翠，恃人之野以为尊。”可见他是多么排斥儒家。

在生活上墨翟提倡节俭，在政治上他则是主张“尚贤”和“尚同”。“尚贤”的主张和大部分入世的先秦诸子想法相同，他认为在位的人必须有才能，没有才能的最好早早下台。至于“尚同”，则是因为墨翟看到太多意见纷杂，导致你争我夺、有损团结和共同利益的事发生。墨翟认为一个团体，他的领袖一定是有才能的，然后由有才能的领袖决定该怎么做或不该怎么做，大家都听他的就好，不要有“一人一义，十人十义”

的情况，以免决策执行的效果太差。

墨翟入世的方法就是“兼爱”，这也是他所有学说的出发点和最高指导原则。什么叫“兼爱”？就是爱别人就像爱自己一样，推而广之，爱别人的父母兄弟如同爱自己的父母兄弟一样，以此类推。为什么墨翟主张“兼爱”，因为他认为世界上之所以有人祸，都是因为大家不相爱，如果大家相爱，大国就不会欺侮小国，有权有势的人也就不会去欺侮贫穷弱势的人，如此就天下太平。进而他主张“非攻”，因为和“兼爱”精神最相违背的就是攻打别人的国家。攻国，如果战胜，自己的损失也不小，死的人也不少；若战败，那失去的就更多了。所以墨翟坚决反对战争。

墨翟反战的落实手段，就是到处去游说强国不要攻打弱国，同时墨翟还研习战术和守城之法，并传授给所有追随者。如果游说强国罢兵不成，就派出擅长守城的弟子门人前去弱国助阵。由于墨家守城术确实了得，此举也阻止了好几次国际间即将爆发的战事。

墨翟的主张有很多是违反人性的，要驱使他的弟子门徒遂行他的意志、推行他的主张，就必须有更强而有力的理由才行，所以他提出了“天志”的看法。墨翟说上天是有意志的，那上天喜欢什么、讨厌什么呢？原来上天喜欢人与人之间彼此相爱，讨厌人与人之间相争相斗。但上天毕竟是个很抽象的东西，得由一个人人都相信、有行动力的主体来执行“天志”。墨翟提出“明鬼”的主张，他说上天有所喜恶，好人会得到奖励，坏人会得到惩罚，那由谁来惩罚奖励？墨翟认为这是鬼神的工作。墨翟还讲了好几个鬼故事来说明鬼神确实会奖善罚恶。如此一来，墨家追随者更是义无反顾去执行墨翟的兼爱非攻了。

墨翟死后，由有能的弟子担任墨家领袖“巨子”，继续阐扬兼爱非攻。不过后来却分了派别：相里氏之墨、相夫氏之墨、邓陵氏之墨。虽然都讲墨家的思想，但重点有所不同。有一派因为有墨翟实证、务实思想的基础，开始钻研名学及科学，这派便被称作“别墨”。

各个墨家巨子运用追随者来推行墨家思想的情况，一直到战国末年都还算兴盛，但到了汉朝，墨家就突然消失了。这是因为一来墨家的主张违反人性；二来墨家太过务实、注重功利，又不允许其他思想的存在；三来汉朝开始流行起阴阳五行思想，这也阻碍了墨家思想的延续；四来秦汉大一统，文化上也积极寻求统一——秦重视法家，汉初重视道家，种种因素造成墨家的消逝。墨家一部分最后便转型成为行侠仗义的“游侠”了。

想要了解墨家，清人孙诒让的《墨子间诂》采集群书的注解，校订了不少的错误，很得大家的推崇。胡子宗等人的《墨子思想研究》全面讨论墨翟的思想，搜集的资料也很齐备，有使用上的价值。日人冈本光生的《墨子思想图解》相当有趣，可以参看。

以法为教，以吏为师的法家

法家的中心思想就是要设定一套规则，让所有下位者都能全心全意、很有效率地为上位者尽忠尽力。这种驱使下位者卖命的规则就叫“法”。“法家”的思想兴起得很早，例如早一点的在楚国效力的吴起，接连在韩国高倡其议的申不害、慎到，在这方面都提出过一些不错的主张，甚至时代更早一点的管仲，也有人认为以他各种为齐国谋取最大国际与国内利益的思想来看，应该也可以归于法家，这些人的主张虽然都很深刻，但毕竟太过零散不成系统。

真正将这些重视国家利益的思想主张整合起来的人，是韩国的贵族韩非。韩非在韩国的时候，曾为他的国君提出很多很好的治国意见，并把这些意见写成书，怎奈韩王耳根硬，听不进这些建言。但没想到这些言论撰写成书后，竟落到秦王嬴政的手中。嬴政读完后爱不释手，还以为是古人的著作，李斯得知此事，想要邀功，便向嬴政提起写作此书的韩非是他的同学，他们都拜荀况为师，也因此，嬴政起兵攻韩，逼韩王交出韩非。

韩非虽然到了秦国，但由于口吃太过严重，和嬴政讨论政事时经常有沟通上的困难，加上韩非也不是真心愿意为虎作伥，所以嬴政就慢慢冷落了韩非。李斯知道韩非的才能远远超过自己，在给嬴政进了谗言之后就让韩非伏了法，嬴政还来不及阻止，一代法家大师就这么与世长辞了。

韩非没来得及看到自己的思想在政治上实践的效果，但他的主张毕竟还完整地保留在著作《韩非子》里，秦国也就靠着依循他的思想而最后统一天下。韩非所整合的法家思想，第一个就是尚实用。韩非主张对国家有利的人，例如战士和农夫，国家要特别去照顾他们，并建立完整的鼓励和抚恤制度，使大家都愿意投入农业生产和战斗。一个国家的生产和战斗人口增加，国力自然强大。

韩非强调的还有法治观念。为了避免上至王侯，下至皂隶徇私枉法，韩非特别强调制定完善的法律的重要性。他认为一部良好的法律，一定要顾及几个重点，第一个就是公平性，不论谁犯了法，都要惩罚，不论谁立了功，都要奖赏；第二个就是法令的内容一定要让大家都知晓，不能还没教导人民就残酷地执行；第三个是法令一旦公布就不能朝令夕改，以免人民手足无措，不晓得要怎样遵守；第四个是任何法律事件的判断不能有两套标准、两种法律，任何争议，全都要以法条作为论理的最后依归；第五个是法令一旦制定，就一定要遵守，没有例外。韩非认为，法律制定完善，执行彻底，国家机器就会运转顺畅。

只要大家都遵守法律，君主就能不费力地把国家治理好了吗？韩非认为这样还不够。除了“法”，韩非还提出“术”和“势”的观念。所谓的术，就是上位者驾驭下位者的方法。韩非指出的方法很简单，就是赏和罚。臣子及老百姓只要做了上司想要他们做的事，就赏，反之则罚。但赏罚一定要依法有度，不能任意胡为。在执行赏罚的时候，还要不忘掩饰自己的喜好，以免下位者投其所好，借以拉拢关系，乱了法纪。

不过若上位者没有威势，只有法和术，也很难进行统治。韩非讲的这个“势”，简单说就是地位。上位者要让命令得以执行，就一定要严守分际，明白阶级。重要的事不能让下面的人决定，施惠也不能让下面的人去执行。要让大家知道谁才是老大。这个“势”是韩非所有主张在执行上的最大基础。

不可否认，法家提出来的办法，在富国强兵上的确很有一套，也很快能得到立竿见影的效果。但在法家思想下生活，毕竟太过辛苦，做什么事都要考虑到会不会违法、会不会招致杀身之祸。采取法家的高压统治，怎样都算是有违人情，无法维持太久，同时这也和中国人在衡量事情时先情后理，到不得已才诉诸法令的做法大相径庭，这样刻薄残忍的思想很容易作法自毙。所以秦朝之后，各个朝代虽然也明法，但都不敢明目张胆、大张旗鼓地宣称自己是推崇法家思想的。

韩非除了给中国法家思想做了大整合，他在写文章时目光准确，常提出切中要害的看法；说理组织严密，让人无从反驳，又很喜欢使用生动的寓言故事。韩非的文章让看的人觉得十分痛快，后人也常模仿这种议论文的写法。

清人王先慎的《韩非子集解》和近人陈奇猷的《韩非子集释》都是一般研读《韩非子》常用的入门书籍。若觉得此二书生硬难读，或可一试廖群的《韩非子趣读》。

爱耍嘴皮子的名家及其他五家

名家讨论的其实是一种治学的方法——名学，这个名学基本上不能在生活中实践，而是一种抽象的讨论，所以严格来说不算是一种思想。名学在每个学派都有，像儒家讲正名、道家讲无名等，都算是名学，但是名家的出现对确立名学很有帮助。

名家的代表是惠施与公孙龙。惠施是庄周的好朋友，由于本身没有著作，他的思想全保留在《庄子》里，后人给他做了整理，叫“惠施十论”。这里举其中几个有趣的论述让读者动一动脑：

其一，“无厚，不可积也，其大千里。”意即在三维空间里，若将长、宽、高的“高”这个条件拿掉，它就失去了体积而变成一个完全没有边际的面积。

其二，“日方中方睨，物方生方死。”指太阳刚到中天，就准备落下；万物刚刚出生（产生），就走向死亡。惠施指出时间的残忍性，天体万物的运行，开始正是为了结束。

其三，“南方无穷而有穷。”指南方这个概念，若它指的是一个地方，那可以穷尽，但若它所指的是一个方向，那南方的南方还有南方，是无穷尽的。

从以上所举的三个例子可看出，惠施的思想特征是抽象而有逻辑的。

名家的另一代表公孙龙，他的言论本来散见四处，后来有人给他结集成《公孙龙子》，他的言论才算保存了下来。公孙龙最为有名的就是他的“白马论”和“坚白论”。在“白马论”里，他说白马非马，意思是白马只是马的一种，所以不能用白马来概括所有马，所以白马这个概念的集合并非马这个概念的集合。

至于“坚白论”提到若手中拿起坚硬的白色石头，只能说你拿的是白石头，或拿的是硬石头，绝不能说你拿的是又硬又白的石头。因为觉得硬，那是手给你的触感，看到白色，那是眼睛给你的信息，这两种感官经验并不是同时存在。当你意识到石头的白的时候，你察觉不到硬，当你察觉到石头的硬的时候，你又意识不到白，所以没有坚白石，只有坚石或白石。

名家的思想，对世人注意到名实之分很有启发性。但毕竟他们的主张太过饶舌，当时大部分的人都以为他们只是在耍嘴皮子，这是很可惜的事。

先秦诸子，除了儒、道、墨、法、名五大家之外，依《汉书·艺文志·诸子略》还有纵横、阴阳、农、杂、小说五家，前后五家合称十家，但因为小说家并没有中心思想，也没什么主张者和追随者，所以被《艺文志》称作不入流。

纵横家的“纵”字，指的是六国合纵以抗秦的主张，而“横”字，指的是六国应分别和秦国结盟以事秦的主张。当时游说之士众多，但大都不脱这两种主张，所以人们用“纵横家”称呼这些到处游说各国的人。纵横家也没什么中心思想，他们想巴结的主子要些什么，他们就说什么，能够出谋划策，让主子高兴，帮助主子成功攻城略地，他们就能得到好处。

纵横家的始祖是鬼谷子，但他似乎只是个传说中的人物，生卒年和事迹并不详尽。真正能代表纵横家的主要是主张合纵的苏秦和主张连横的张仪。

苏秦一开始是很失意的，家财散尽还游说不到一个君王重用他，回家后家人全都懒得理他。为了争回面子，他发愤苦读，怕半夜打盹还把头发悬在梁上，经常拿椎刺自己的大腿（成语“悬梁刺股”的由来）。后来他提出合纵理论，希望联合东方六国来对抗秦国，得到东方诸国的肯定，最得势时，苏秦身上还佩带了六国相印。有一次因公事路过家乡，父母老远前来迎接他，妻子不敢正眼瞧他，嫂嫂更是跪地叩拜，苏秦忍不住问嫂嫂，为何她之前的态度那么傲慢，而现在又如此谦卑（成语“前倨后恭”的由来），嫂嫂回答那是他变得有权势又有钱的缘故啊。

另一位纵横家的代表张仪，他一开始也是不得志的，游说楚国时甚至因被人怀疑偷了和氏璧而被打了个半死，他的妻子为他不值，没想到张仪还挺乐观地说：“看看我舌头还在不在？若还在，那就够了。”后来张仪以“连横”策略得到秦王的重用。“连横”就是结交远国，攻打近国，远国以为事不关己，又得到秦国好处，便束手旁观，秦国就这么一步步扩展疆土，等远国变成近国，后悔也来不及了，这就好像温水煮青蛙一样，水慢慢加热，青蛙还不会逃，等水滚了，青蛙再也来不及逃。

阴阳家代表是邹衍和邹奭，原本二邹子的主张是先重实验，再来演绎，但因为二邹子解释的是宇宙生成、万物之间的关系，后来的阴阳家便附会了阴阳主运、神仙怪诞之说，也就离原始阴阳家越来越远了。

农家的思想很简单，该派的代表许行认为只要全部的人都投入生产，没有生产者（被剥削者）和统治者（剥削者）的区别，天底下就不会有祸事。不过许行的这个想法忽略了社会分工的问题：如果人人都去耕田生产，那生活器具等一应需求又该如何解决？这也是农家最为人所诟病的地方。

杂家一言以蔽之就是混杂各派的优点。因为是混杂各派优点，所以杂家的出现，时间点上要晚得多，以成于众人之手的《吕氏春秋》和《淮南子》为代表。因其杂汇，所以内容包罗万象。

小说家所传颂的大概就是一些外史、别传、杂纂、笔记之类的东西，因为内容零碎，谈不上有什么思想体系。

十家九流之比较（汉·司马谈《论六家要旨》《汉书·艺文志·诸子略》）

十家名称	据说源于王官	代表人物	学说重点	优点	缺点
儒家	司徒之官	孔子、孟子、荀子	仁义、忠恕、礼乐	助人君，顺阴阳，明教化者也（帮助人君来顺应阴阳变化，使礼乐教化得以推行）	惑者失其精微，辟者随时抑扬，违离道本（过度迷失在细枝末节的支持者忘掉了儒学的精神，心有歹念的犬儒又随意发挥，远离儒学的真正根本）

续表

十家名称	据说源于王官	代表人物	学说重点	优点	缺点
道家	史官	老子、庄子	自然无为、清静旷达	秉要执本，清虚以自守，卑弱以自持，此为君人南面之术（根据生命的本质，遵守清虚旷达的要领，示弱而不逞强，这是君主统治国家的方法）	放者为之，则欲绝去礼学，兼弃仁义，曰独任清虚，可以为治（放荡的人实践时全盘否定礼节仁义，说只要靠清虚旷达就足以治理百姓）
墨家	清庙之守	墨翟	兼爱、非攻、尚贤、尚同、天志、明鬼、节用、节葬、非乐、非命、非儒	贵俭、兼爱、上贤、右鬼、非命、上同，皆其所长也（节俭、爱别人像爱自己、尊重贤者、支持鬼神、不接受命定论、顺服上位者，这都是墨家的优点）	蔽者为之，见俭之利，因以非礼，推兼爱之意，而不知别亲疏（眼界受到拘限的人来实践墨学，就会为了要省钱，而省去必要的礼节，过度爱护他人，却无法明辨人伦关系的亲疏）

续表

十家名称	据说源于王官	代表人物	学说重点	优点	缺点
法家	理官	慎到、申不害、商鞅、韩非	法、术、势、实	信赏必罚，以辅礼制（确实执行赏赐和惩罚，以维护礼制）	刻者为之，则无教化，去仁爱，专任刑法，而欲以致治，至于残害至亲（刻薄的人来执行，就会忽视教化和仁爱等德行的教育，什么都只讲法律，以为这样就可以治理百姓，却伤害了身边的亲人而不自知）
名家	礼官	惠施、公孙龙	讨论名理，辨别名实同异	必也正名乎（名家认为最重要的是确定名实相符）	及警者为之，则苟钩釽析乱而已（不过那些爱耍嘴皮子的人，就只会乱分析一通，纠缠不停，最后变成诡辩）
纵横家	行人之官	苏秦、张仪	主张以游说、权术说天下	当权事制宜，受命而不受辞（根据事态的发展选择最好的做法，只接受君王的指令，不在意要用何种辞令来完成使命）	邪人为之，则上诈谖而弃其信（心态不正确的人来当纵横家，就会崇尚欺骗而不守信实）

续表

十家名称	据说源于王官	代表人物	学说重点	优点	缺点
阴阳家	羲和之官	邹衍	五德终始	敬顺昊天，历象日月星辰，敬授民时（顺应大自然和天体运转规律，以之教授百姓农事的适当时辰）	拘者为之，则牵于禁忌，泥于小数，舍人事而任鬼神（眼界受到限制的人不论做什么都受到历数禁忌和天象的限制，放弃人为努力而太过依赖鬼神）
杂家	议官	吕不韦	杂取诸家学说而成	兼儒墨、合名法，知国体之有此，见王治之无不贯（会合儒、墨、名、法各家说法，这是因为他们知道要把国家治理好，需要各家之长）	荡者为之，则漫羡而无所归心（对散漫的人来说，只想着去学各家的优点，容易失去中心思想）
农家	农稷之官	许行	主张君民并耕而食	播百谷，勤耕桑，以足衣食（努力耕种，只求衣食无虞）	鄙者为之，以为圣王无所事，欲使君臣并耕，悖上下之序（对眼界受限的人来说，会认为统治者的存在没有价值，便要求他们和平民一起耕种，违反阶级分工的用意）

续表

十家名称	据说源于王官	代表人物	学说重点	优点	缺点
小说家	稗官	宋钘	多道听途说	闾里小知者之所及，亦使缀而不忘；如或一言可采，此亦刍荛、狂夫之议也（这是街巷里那些有小聪明的人所主张的话，把这些话记录下来，其中可能有一二句是可取的，不过也只是乡野鄙夫的陋见罢了）	致远恐泥，君子弗为（要长久地主张并实践这些说法恐怕是不行，所以聪明人不会去主张它）

二、罢黜百家，独尊儒术
——两汉今古文经之争

秦朝灭亡之后，群雄并起，其中又以项羽和刘邦的势力最大。项羽本身虽然非常有能力，但关键时刻却当断而未断，在鸿门宴上不肯永绝后患，让刘邦逃脱，就是一例。加上他过度自信，听不进下属的建言，同时又沉醉在虞姬的温柔乡中，这给了刘邦很大的机会。

刘邦表面上接受了巴蜀这个偏僻的封地，但私底下却不断招兵买马，同时刘邦也知道自己的能力不足，所以广开言路，权力也充分地下授，最后终于由刘邦夺得天下，定国号为汉。

汉朝初年，因连年兵灾，民不聊生，百废待兴。汉帝除了轻徭薄赋，与民休息外，还多方重用贤才能人，朝纲得以昭彰。为了让人民休养生息，朝廷倾向用道家的方法来统治国家，但法家那套稳固权力的理论又如此诱人，所以混合法家道家的黄老哲学就应运而生。

以黄老政治哲学为手段，高举“以孝治国”的旗帜，社会各个方面快速地复原。到了汉武帝时期，公家仓库里的谷物多到烂掉，公家银行里的铜钱也堆到生锈。有了稳固的经济基础，当皇帝的都眷恋生命，想要永享荣华富贵，所以战国末年流行起来的阴阳家思想，在汉初朝廷中的支持者也日渐增多。

武帝时的大儒者董仲舒眼见机不可失，就拿阴阳家那套天人感应的说法重新包装儒学。因为儒学在民间已经流行很长的一段时间，群众基础足够，加上阴阳思想正符合统治者的口味，所以没多久武帝就采纳了董仲舒的意见，“罢黜百家，独尊儒术”。自此，儒家思想左右了中国政治两千多年。

今文经先出，古文经后起

在秦王下令焚书之后，确实毁掉不少珍贵的典籍，项羽放火烧毁阿房宫时，也连带烧掉不少宫中藏书，不过民间无视挟书令而私藏图书的也为数不少。加上当时的经师、讲授者有将书籍内容熟记于心的习惯，所以比较重要的先秦图书还不至于完全灭绝。

为了延续先秦的文化精华，汉初的皇帝们纷纷派人到各地去向这些经师、讲授者请教，并将他们传习且熟记于心的典籍用当时的文字——隶书抄下，例如晁错去向伏生（胜）请教《尚书》便是一例。这些口传并用当代文字记下来的经典，就被称为“今文经”。

除了这些用隶书抄下来的书籍，汉惠帝时废除挟书令，之后出现一种献书的风气，有一些是民间献书，有一些是爱好学术的贵族从民间收集而来的藏书，爱好藏书的贵族要以河间献王为代表。

除了口传抄写和献书，还有一些因缘际会被发现的先秦典籍，例如鲁恭王在扩建宫室时拆了孔丘故居，得到的《尚书》《逸礼》《论语》《孝经》等；刘歆受诏和其父刘向整理秘府（相当于国家图书馆）藏书，又在藏书里整理出《左传》《诗》《尚书》等。这些图书原本是用先秦古文字——俗称蝌蚪文所写成，后来由懂得古文字的人改抄成隶书，这些原以古文字著录，后来改用隶书抄写的书籍便被称作“古文经”。

由于今文经在汉代的流行要比古文经早，传《易》的有施雠、孟喜、梁丘贺、京房，传《书》的有欧阳生、夏侯胜、夏侯建（后二者称“大小夏侯”），传《诗》的有鲁人申培、齐人辕固、燕人韩婴（鲁派、齐派、燕派传《诗》，合称“三家诗”），传《礼》的有戴德、戴圣、庆普，传《春秋》的有公羊高、穀梁赤（公羊高之后又分为严彭祖、颜安乐二家）等，扣除庆普，其余的都列为学官，由朝廷出面支持他们的学术传播事业，并可兼议国事。

后来古文经陆续被发现，有人觉得直接传自先秦的这些古文经，内容要较今文经更真实可靠，民间学习的人也更加多了起来，呈现西汉流行今文经，而东汉流行古文经的局面。

论战二百多年——今古文经之争

今文经和古文经的传习者并非相安无事。由于学而优则仕，那些学官都是可以议论国事、手中有权的，所以立于学官（用当时的语言讲叫“立为博士”）的今文学家特别团结，生怕自己的地位不保，也特别排斥古文学家。

从西汉末年一直到东汉末年，今、古文学家就有过多次冲突，其中最严重的有四次。第一次是在西汉哀帝时，当时整理秘府藏书的刘歆主张立古文《尚书》《逸礼》《左传》为博士，因而和拥护今文经的太常博士们争辩。刘歆认为自秦皇焚书之后，汉初以来经师所传授的今文经，依赖经师记忆抄录下来，怕是残缺不全，因而希望朝廷能重视古文经，但哀帝要刘歆与诸博士讨论，这些博士却采取消极、不回应的态度来抵抗。刘歆眼见诸博士不肯面对，便写了《移让太常博士书》责备他们，诸儒看了更加怨恨刘歆，后来王莽篡汉，大大提倡古文经，还封刘歆为嘉信公，结果王莽覆亡后，古文经也就跟着被废。

第二次是东汉光武帝时，尚书令韩歆等主张立费氏《易》（属古文经）和《左传》为博士。光武帝让博士范升和韩歆等辩论，吵了半天没有结果，没多久陈元又针对范升提出来的意见再行反驳，最后终于争取到立《左传》为博士，但由于陈元和范升太过针锋相对，皇帝便不用陈元而改用司隶从事李封为博士，没想到李封一死，左氏博士又被废置。

第三次是东汉章帝时，贾逵因为很懂得古文《左传》而被召入讲学，他讲学时举出很多《左传》优于《公羊传》的部分，今文学家李育学习的正是《公羊传》，因而写下《左传》四十一条缺点反驳。汉章帝建初四年，群儒大会于白虎观，李育以《公羊传》的胜出处诘难贾逵，但一来一往之间的辩诘都各有其道理，不分轩轾。

第四次是东汉桓、灵帝之间，郑玄和何休各据《左传》和《公羊传》互相争辩。何休继承了李育的主张，并写了有名的《春秋公羊解诂》反驳贾逵的主张，另外他还撰写了《公羊墨守》《左氏膏肓》《穀梁废疾》等书攻击古文《左传》。

但是同时郑玄也写了相应的文章反驳何休。由于郑玄学经，出入今古文之间，何休看了郑玄的著作，大叹："康成（郑玄）入吾室，操吾戈以伐我乎！"认为郑玄以子之矛攻子之盾，自己无法再加以回嘴了。

虽然到了东汉，今文经在政坛上还是属于主流学问，但是民间学习古文经的人却变多了。今古文经之争，延续了二百多年，一直到郑玄和王肃融合今古文经的各自长处、消弭今古文经之间的争端后，今古文经间的战火才慢慢地熄灭。

想了解汉代的经学，一般的中国学术史或中国经学史，如李威熊的《中国经学发展史论》、叶国良等人的《经学通论》，都有清楚的说明。另外也有单以汉代经学为讲述主题的专著，如边家珍《汉代经学与文学》，内容也很翔实，可参考。

今古文经学家论点之比较

论点或差异处	今文经学家	古文经学家
偶像	孔子	周公
对孔地位的论定	受命之素王	先师
对孔身份的论定	哲学家、政治家、教育家	史学家
对孔创作的看法	托古改制	信而好古，述而不作

续表

论点或差异处	今文经学家	古文经学家
对孔与六经之间的关系	六经皆为孔子所作	六经为古代史料，孔子整理之
论学重点	《公羊传》	《周礼》
派系特质	经学	史学
对经之传授的看法	经之传授多可考	经之传授多不可考
西汉立于学官与否	西汉皆立于学官	西汉多盛行民间
流行的时间	西汉	东汉
对刘歆的看法	斥古文经传为刘歆伪造	斥今文经传为秦火残缺之余
对纬书（附会儒学而对政治做出预言的书）的看法	信纬书，以为孔子微言大义或有存者	斥纬书为诬妄
解释经典的方式	多阐释微言大义，主张通经致用，态度较主观	多训诂名物，主张为治学而治学，态度较客观
今传典籍	《仪礼》《公羊传》《穀梁传》《小戴礼记》《大戴礼记》《韩诗外传》	《诗经》《周礼》《左传》

三、合久必分，分久必合
——魏晋之后的学派

由于文化思想的充分酝酿，中国的哲学思维在先秦得到十足的发挥和扩展，人该如何修养品德（修养论）、该如何与大自然相处（天道观）、人与人如何相处、人该如何发展专业以争取事功（政治论）、人该如何观察并借鉴历史（历史观），诸如此类议题，在先秦都得到了充分的讨论，并且有了极丰硕的成绩。

虽然先秦诸子习惯“述而不作”，嘴巴光顾着讲而忘了把言论记录下来，但所幸汉代学术风气重在保留典籍，并给予学者政治上的优待和礼遇，让这些学术史上极为珍贵的资产得以保留下来。汉代之后的思想潮流，很多都是在先秦两汉的言论基础上发展出来，就连东传的佛学，也有很多比附诸子言论的地方。魏晋以后，中国论坛到处看得到某家兼用他家说法、某家又自他家分出说法的景况。以下利用几节篇幅说明两汉之后的几个中国哲思的重要议题。

品茶喝酒闲聊——魏晋清谈与玄学

汉末因为宦官和外戚交接乱政，民不聊生，因而接连爆发了黄巾之乱、董卓废旧帝立新帝、三国争霸。虽然后来曹魏凭着军事实力顺利取得天下，但没想到没过多久即被司马氏篡位，而司马氏的天下和曹魏相比，显得更不平静。

由于汉代经学后来一直专注在训诂学上，末期竟然走火入魔，为了考释一字，动辄累上万言，于是思想风气上产生了重大转变，不喜欢死读书的人越来越多，崇尚自然玄理的风气就慢慢兴起，能够抚慰人心、使人短暂超脱俗世烦扰的道家思想重新吸引读书人的目光，再次活跃起来。道家经典《老子》《庄子》和玄之又玄的《易经》，成为时人最爱的读物，合称“三玄”。时人据此三玄，谈论和实际生活无直接关联的话题，学术风气崇尚玄虚，于是被称作“魏晋玄学”，代表的思想家有汉魏之间的何晏、王弼和晋朝的阮籍、嵇康。

何晏本来是东汉大将军何进之孙，由于父亲早死，何晏在很小的时候就随着母亲改嫁而进入曹操府第，后来何晏娶了魏公主为妻，家世背景显赫。据说何晏是个美男子，《世说新语》提到他皮肤白皙异常，魏明帝一直以为他有上粉的习惯，还故意在大热天赐他吃饼配热汤，想看他满头大汗后脸上的粉会不会糊掉，没想到大汗淋漓后，何晏的脸愈加白皙透红。

何晏有显赫的背景，但他个性骄矜，不知道是不是因为自认拖油瓶，才有意表现得如此傲慢。虽说魏文帝知道他的个性，并不想重用他，但是他和曹爽交情匪浅，最后靠着这层关系在正始之初累官至吏部尚书，受到重用后，他仍然党同伐异，轻则改法度，重至贪污，最后何晏因为帮助曹爽秉政失败，与曹爽同被司马懿诛杀。

虽然生活上的何晏是失败的，但文化上的何晏是成功的。何晏一直主张儒道合同。他在《道论》中提到："有之为有，恃无以生；事而为事，由无以成。"意思是：所谓的"存在"概念，还必须要依赖"不存在"的概念才得以产生，所有的作为，都要靠"不作为"观念的烘托才有意义。他用"无"来解释《老子》和《论语》中的"道"，认为天地万物都是"有所有"（具体存在），而"道"则是"无所有"（虽然不具体但仍存在）的，所以无语、无名、无形、无声是"道之全"（逆转所有存在的意义，那就是道的全部）。这段言论发人所未发，对后来会通儒道的思想发展影响很大。

王弼是魏尚书王业的儿子。年轻时王弼就享有文名，才十几岁便通晓《老子》《庄子》。不过王弼和何晏有着同样的毛病，为人高傲，常借自己的长才来嘲笑他人，当时的读书人也不怎么喜欢他。王弼撰有《周易注》《论语释疑》《道德经注》《老子指略》《周易略例》等书，其中的《道德经注》，因为《道德经》的原文散佚已久，在一九七三年马王堆帛书《老子》被发掘出来以前，它是《老子》的唯一传世本。

在注《易》诠《老》的著作里，王弼主张道是无形的，不固定也不可说，因为一切自然无为，不可探知不可说，所以“无”最为高尚珍贵。在王弼看来，要以“无”为体，才能发挥“有”之用。

有了何、王会同儒道的理论基础，道家思想更理所当然地走进学术的论坛。撇开汉魏酝酿期不谈，“玄学”全面流行起来是魏齐王芳正始年间的事，这期间最为有名的士人是被合称为“竹林七贤”的阮籍、嵇康、山涛、向秀、刘伶、阮咸与王戎，其中以阮籍和嵇康的思想成就最高。

阮籍的父亲阮瑀曾任魏丞相。阮籍崇尚道家，以潇洒和不拘礼节而出名，他常常待在家里读书，一读就是好几个月，或者极端地出游，也是一玩就好几个月不回家，不论是读书还是出游，都要尽情、尽兴了才行。司马昭曾想让阮籍的女儿做司马炎的王妃，但阮籍生性不喜欢站队，不站队说到底也是为了避祸，于是他大喝特喝，连醉六十天，无论别人怎样做都无法和他说上话，最后司马昭知难而退，打消了和他结亲家的意图。

司马炎和阮籍没做成亲家，司马昭倒常派钟会去刺探阮籍对时事的看法，不过阮籍总是大醉，借此来逃避钟会的追问，后来司马昭想要自进为晋王，他的部属们逼阮籍写一篇《劝进文》，阮籍也是用酒醉的方式来推托。正因为阮籍以酒醉为借口避免得罪任何一方，在不站队的情况之下，他算是少数得以善终的魏晋名士了。

而嵇康，幼年时期就展现出很高的天分，博览群书并学习各项技艺，长大后嵇康偏爱读道家的著作。嵇康容止出众，在当时也算美男子，不过他并不注重打扮，反倒因为文名为世人所知，后来娶了沛王曹林之女长乐亭主为妻。

嵇康崇尚道家学说，主张“任自然”的生活方式，他在著名作品《养生论》中充分阐明了自己的自然养生之道。他肯定古代隐士的事迹，向往出世不问仕宦的生活。大将军司马昭曾想召他担任幕僚，他不愿意出任。由于他的文名，四方士人都想和他交朋友，这对嵇康造成了很大的困扰。司隶校尉钟会准备了盛礼前去拜访他时，他显出很不耐烦的样子，因此得罪了钟会，埋下杀机。同为竹林七贤的山涛为了他好，也曾推荐他做官，他却写了《与山巨源绝交书》，坚决拒绝出仕。

嵇康和曹家有姻亲关系，但当时司马氏坐大，这样一层关系实在很容易给他招来杀身之祸，而嵇康本身好恶分明，也得罪了不少当道。后来嵇康的朋友吕安被人诬告，嵇康基于义气，出面为他做证，却被一并收押下狱，曾受他冷落的钟会就趁机劝说司马昭将二人判处死刑。虽然临刑前有三千名太学生联名上书请求司马昭赦免嵇康，并希望能让嵇康来太学讲学，但最后也没能成功。嵇康死时年仅四十岁。

魏晋玄学主要是由儒、道二家综合而成，同时还吸收了一部分佛学的思想。由于玄学家多半喜欢清谈，就像西方哲人在沙龙里谈天说地、时下的年轻人喜欢在咖啡店里闲聊一样，有时对解决实际的生活问题没什么帮助，加上玄学家的言行有点与众不同，甚至放浪形骸，难免无法得到社会的认同。不过玄学家所追求的高尚人格和最终境界，仍然是值得肯定的。

由于玄学家们的主张发而为专书的很少，所以要了解这个时期的思想和文化发展大要，可以阅读唐翼明的《魏晋清谈》或王葆玹的《玄学通论》。若对这个时期纯思的讨论有兴趣，牟宗三的《魏晋玄学》虽然写的没那么轻松，但或可一读，玄学时期的读书人也有很多奇闻逸事，李威熊主编的《魏晋玄学家的故事》可以参考。

是空是假还是无？——依附玄学发展的隋唐佛学

“佛”是梵语“佛陀”的简称，“佛陀”在梵语里指的是大觉悟者。佛教是由释迦牟尼所创立。释迦牟尼本来是雪山下迦毗罗城净饭王太子，是贵胄出身，秉性仁慈，由于看多了臣民的生老病死，深深感到人生无常，最后放弃王位，出家学道，在菩提树下悟道后开始说法度生，创立佛教。

佛教初次传入中土的时间可以向上追溯到西汉，那时，教内人士的宣教工作重点主要放在翻译经典与介绍佛学上，直到唐朝，才开始大规模翻译并推广佛学。

魏晋时期，社会上开始流行讨论老、庄、易的玄学。玄学的“无”和佛学的“空”有一些相似之处，所以佛学也就依附玄学而流行起来。同时战争频仍，老百姓苦不堪言，在寻求宗教的慰藉时，佛教更成为理想的精神依托对象，有这内外两层因素，佛教、佛学渐渐在中国扎根。到了南北朝，帝王们为了延续现世的享乐，祈求来生的幸福，也有沉迷佛教而不能自拔的，皇帝都这么做，臣民能不学着点吗？上行下效，南北朝的佛寺如雨后春笋一般，佛教教义和文化也一面倒地席卷全中国。隋唐的佛学更是鼎盛。

佛教依照它所想要度化的对象人数的多少，分成小乘佛教和大乘佛教。小乘佛教主要是自己度自己超脱苦海，大乘则是在自度之外还要普度众生。因为大乘佛教的度化众生理念和儒家积极的“泛爱众”、墨家的“兼爱”想法接近，才能够依附这一点，得到大部分中国人的认同，流行的范围也大大地超过小乘佛教。在中国流行最广的是大乘宗派中的华严、法相、天台三宗（“教下三家”）和禅宗（“教外别传”），华严宗宣教主要根据的经典是《华严经》，也因为这样，而称为华严宗，法相宗依《解深密经·法相品》所立，所以称法相宗，天台宗，因创始人隋僧智𫖮常驻浙江天台山说法而得名。

禅宗的“禅”字本来是从梵文“禅那”音译而来，意为“静虑”“思维修”，它指一种集中精神并不断提高层次的冥想。“禅”是佛教很重要而且很基本的修行方法。禅宗的中心思想是：“不立文字，教外别传；直指人心，见性成佛。”意思就是说传教不需要文字，它是判教以外的传法法门，做法就是直接把人心中那个佛性点出，一点顿悟，就能成佛。禅宗之所以流行，是因为他们认为只要通过自身实践，从日常生活中直接掌握真理，最后就可以达到真正认识自我的成佛境界，这对当时大多数不识字的中国人民而言可是非常便利的成佛方法。

细致来论的话，佛教的派别和教义纷杂，如果想要迅速地掌握佛教思想的变化和精华，吕澂的《中国佛学源流略讲》、汤用彤的《隋唐及五代佛教史》和黄忏华的《佛教各宗大意》都是不错的选择。若要进一步研究，牟宗三的《佛性与般若》也许读起来未必轻松，但其中会通中西的理解诠释很有启发性。

堂堂正正做人——正气凛然的宋明理学

“理学”起自宋明两代，当时的著名学者以儒学为宣道基础，但是其中又夹杂佛、道家的思想，他们对儒学的讨论重点转移到心、性、理、气这些议题上来，所以才用“理学”称呼这波思潮，又因“道”和“理”是一体的两面，所以也有人称当时的学术为“道学”的。

宋太祖即位后，深知藩镇割据对国家中央政权的危害，所以在酒宴中趁醉把那些将军的军权全都收归中央，紧接着采取重文轻武、强干弱枝的政策。这一连串重视文人而轻视武将的施政措施，给那些有尊君倾向的儒者打了强心针，也顺利收买了人心。

有国家的支持，儒学很快就重新爬了起来。宋代著名的理学派别分成四派：濂、洛、关、闽。周敦颐，因居于濂溪，以之为首的称为濂派；程颢、程颐兄弟，籍属洛阳，称为洛派；张载久居关中，称为关派；朱熹讲学于福建，所以称作闽派。宋明的儒学中兴被视为儒家流变史中重要的一环，借用儒家思想的壳而从中发挥近似佛家、道家的心性之学，有耳目一新之感，后来的人就称这个时代的儒学为“新儒学”。

我是真人，不是泥娃娃——濂溪周敦颐（濂）

周敦颐是宋真宗时人，天资聪颖，他在努力求学之外还向高人逸士问学。周敦颐担任洪州分宁县主簿时，有一个案子悬宕很久而无人能断，周敦颐只问过一回就厘清了真相，从此一战成名。周敦颐调南安参军后，遇到一囚罪不至死，他为了帮该囚争取活路，不惜冒着得罪上司的风险，与执刑主官抗辩，后来顺利免除该囚的死罪。

周敦颐特别重视修养。由于受到道家和佛家的影响，他尤其强调“静”的功夫，史书也说他“终日坐如泥塑人”（整天静坐在那儿，好像泥巴做的假人）。虽然和后世发展出来的新儒学相比，周敦颐的理学显得粗疏而浅陋，但他身为理学开山祖师的地位，是不容动摇的。周氏的思想，后来被程颢、程颐继承并发扬光大，周敦颐对理学的影响不容小觑。

一个白脸、一个黑脸——河南二程子（洛）

程颢字伯淳，号明道，后人多半称他程明道。程家自高祖以下，累世为官，他的父亲是在明道死后五年才去世，程父对明道和其弟程颐的影响很大。明道十五岁那年，父亲带着他和弟弟去拜周敦颐为师，学识渊博的周氏给了他们很好的启发，后来这二兄弟在理学上的造诣都在周氏之上。程颢虽然一直以来担任小官，但他因为学问所享的声誉远在官位之上。

程颐字正叔，号伊川，后人多半称他程伊川或程正叔。伊川为人正直，曾到太学游学，学成之后一直担任教学讲官，大概有二三十年之久，后来受到推荐，进了京师当了宋哲宗的说书（类似讲师之职）。身为说书的伊川曾向皇帝大胆提出一个建议，就是皇帝的讲师应该坐着讲课，以显示皇帝尊重儒道的用心，伊川的循循，启发了哲宗的智慧。不过由于伊川太过正直，不喜欢巴结当道，议论政事时就被人抓住了把柄，虽然徽宗曾经一度赦免了他，但是政敌并未放过他，最后得到查禁作品、停止讲学的惩罚。其后人连同其兄的语录、文集，合为《二程全书》，二程子的思想精华全都收在这部书中。

虽然二程子是兄弟，也都拜周敦颐为师，但两个人的思想进路同中有异。二程子都重视“道”，但“道”在明道这里，指的既是道德之“道”，也是自然的运行之“道”，伊川的“道”则明显不同于明道的“道”，伊川认为“道”是天理运行的道理。

总的来看，明道的生命气质比较接近周濂溪，重视心性的修为，而伊川则特别强调落实学问。这大概跟两兄弟不同的个性有关。据传二程子的学生多半喜欢和明道相处，因为明道给人的感觉有如“瑞日祥云，和风甘雨”（朱熹评），相较于哥哥，伊川就比较严肃，“气质方刚，文理密察”（朱熹评）。这或许解释了他们为何一个比较喜欢“尊德行”（重视心性修养），另一个反而在不断强调“道问学”（重视扎实的学识基础）。

据《宋史》记载，当时的进士杨时不愿做官而去拜程颢为师，程颢去世之后，杨时打算拜访程颐并以之为师，不料杨时到程宅，刚好程颐假寐，当时大雪纷飞，杨时竟然等到门外雪都积了一尺厚还没走（成语“程门立雪”的由来）。由此可见洛学受士林敬重的程度。

客气得不得了——关中张横渠（关）

张载字子厚，号横渠，他是个非常刚毅、一心想要报效国家的人。年轻时张载学的是兵书，这大概和他的居所接近西夏有关，不过当他提出希望范仲淹帮他完成报国愿望时，范仲淹却让他好好读书，不要净想打仗的事，范仲淹的话大大浇熄了他的热情。后来张载开始学《易经》，有了些成绩后便在京师讲学，二程子曾因为听闻他的名声而去向他讨教《易》，但和二程子聊完《易》之后，张载深深自觉不如，竟然说："比见二程深明易道，吾所弗及，汝辈可师之。"（和二程子对《易》的理解相比，我实在远不如他们，听我讲学的众人呀，你们可以改拜二程子为师。）横渠比他们大上十二三岁，又是他们的表叔长辈，竟能在学生面前说这样老实的话，这是十分难能可贵的。

张载所学较为庞杂，后人把他的思想编成《张子全书》。其中最为人所称道的就是"民吾同胞，物吾与也"，因为张载认为人是万物之一，人也是气之聚所生，万物和人一样都具有天道的特性，所以人和万物是一体的。

又勤奋又聪明又积极——闽内朱元晦（闽）

朱熹，字元晦，又字仲晦，别号有晦庵、晦翁等，但大家还是比较习惯称他朱熹，给他带来最大影响的是他的老师李侗。李侗是二程子的三传弟子，讲究"体认天理"（《延平答问·与刘平甫书》），这对朱熹有不小的影响。由于朱熹十分地用功，李侗很欣赏朱熹这个学生，李侗说他："此人极颖悟，力行可畏，讲学极造其微处……"（《朱熹年谱》）由于勤学，朱熹的著作很多，后来人据以编成《朱文公集》和《朱子语类》。

从朱熹的著作可以看得出来，他在宋明理学思潮里所扮演的角色，大概等于韩非在法家思想发展史中所扮演的角色。在他之前的理学思想，经过他的整理、辩证、归纳后成为一个完整的体系，在他之前的新儒家或言心，或言理，或言气，但他认为这三样东西其实是合三而一的，不必去分。

朱熹认为心性等于理，所以在人性上比较倾向于人性本善，那么所谓的恶人是从何而来的呢？朱熹认为这是气在运作的过程中偏离了道理，"不正"了，这个"不正"便是恶。人有恶的欲望是不是就没了成圣的指望？在朱熹看来这不是问题，因为朱熹认为："人欲便也是天理里面做出来，虽是人欲，人欲中自有天理。"只要存天理去人欲，就算偶有恶欲，人还是可以成圣。

讲到朱熹，则不能不讲陆九渊。陆九渊字子静，号象山，他排行最小。虽然祖父喜好佛老，但从他父亲那代开始就重视儒教的学习，所以象山兄弟六人学的都是儒学，在他之前，他的四哥就曾和朱熹辩论过，象山去鹅湖和朱熹论辩时，是五哥与他同去的，当时的学者并不以批评和参加此种批判大会为讳，这种大会有点像现在的研讨会，聚集一堆学者，就几个议题展开论辩，不大伤感情。

朱熹会和陆九渊辩起来，其实原因无他，就是两人对学习的进程看法不同，《象山年谱》记载："元晦之意，欲令人泛观博览，而后归之约。二陆之意，欲先发明人之本心，而后使之博览。朱以陆教人为太简，陆以朱教人为支离。"朱熹认为要先多读书，从中归纳出修养的重点，象山则认为要先确立自己的良好心态，再去多读书；朱熹认为象山把学问看得太简单了，象山却认为朱熹只懂得追求那些细枝末节的知识。

也就是因为这样，象山对"格物"的看法也和朱熹不同。朱子认为格物是由内向外的，但象山认为格物就是格心，是由外向内的。象山最终的结论是人在追求众多知识时，必须端正本心："学者须是打叠田地净洁，田地不净洁，亦读书不得。若读书则是假寇兵，资盗粮。"读书人一定要把心态予以端正，如果心态不正而去读书，就好像把兵器借给匪寇、把食物送给盗贼一样（把知识误用在做坏事上）。

知行合一的良心人——王阳明及其后学

宋朝因为重文轻武，很快在强敌环伺的局势当中亡国了。取而代之的元朝，因为在“马”上得天下，自然比较不重视学术和读书人，这造成了理学发展的断层，所幸明代前期的陈献章（白沙），思想大体上继承了宋代理学中的心学一脉，在宋学和明学中扮演了桥梁的角色。虽然阴错阳差，稍后的理学大家王守仁没能拜白沙为师，但他和白沙的弟子许璋、湛甘泉有往来，也深获其益。

王守仁字伯安，别号阳明，学者称他为阳明先生，他十一岁时就深切体认到读书是为了做圣贤，不是为了考功名。壮年为官时，阳明的思想出入道家、兵家，思想还是很游移，没多久他因为志向和实际遭遇有了矛盾，生了场大病，想投身仙、释，可是冷静下来后，他想到伦理之常不能随便抛弃，又转向学习儒家。

之后的二十多年间，阳明一边带兵平乱，一边在帐中讲学，活脱脱一个左手拿刀、右手执经的儒将。不过阳明的个性并不讨喜，有好几次被人构陷死里逃生的经历。父丧返乡期间是他讲学最盛的时候。五十六岁，阳明平定思恩、田州之乱，没多久就死在江西南安青龙铺，阳明死前留下遗言：“此心光明，亦复何言。”代表阳明学术精华的著作全都收在《王阳明全书》里。

在阳明以前，讨论“体知”与“实行”之间关系的有《尚书》、孔丘、孟轲、朱熹，但这些人都是把体知和实行分开看。到了王阳明，他提出的是更先进的看法，他认为知行本就是一体，学行也是一体，这就是著名的“知行合一”理论。王阳明也讲“格物致知”，但他把“致知”又往上提了一层，叫“致良知”，不是只知道道理，还要因为知道道理而发扬自己的善良本性。

阳明之后，弟子为数众多，其中最有代表性的学派有三，其一是以王龙溪为代表的浙中派，主张“现成良知”（良知不假外求，是人本来就有的）；其二是以邹东廓为代表的江右派，主张“戒慎恐惧”（事事慎重，时时注意）；其三是以王心斋为代表的泰州派，主张“明哲保身”（明晓道理才能保全性命）。明朝末年又有所谓东林党，以顾宪成、高攀龙和刘宗周为代表。顾氏调和理学家的所有理论，主张性善、悟修并重、矫弊救世。高攀龙主张格物即致知、心即性即气、悟修并重。刘宗周则主张慎独、诚意即良知、性即情、理气合一。从东林三家的主张可以看出，理学走到明末，呈现会融整合的局面。

蔡仁厚的《宋明理学·北宋篇、南宋篇》巨细靡遗地将心、理学各家的思想前承、思想变化和后学的发展做出完整的说明，有很高的阅读价值。另外牟宗三的《心体与性体》《从陆象山到刘蕺山》，择要说明了宋明心、理学两派最大的争执点，并试着调和他们，虽然文字读来没那么轻松，但不失为好的进阶学习的选择。

明哲保身，噤若寒蝉——言论受制的清代朴学

明末由于阉党魏忠贤等掌权乱政，加速了明朝的灭亡。在明末清初那个动荡的年代，知识分子有的投身兵戎，为国抗敌，有的惨遭陷害，家破人亡。虽然当时流行的是阳明心学，但兵荒马乱，大多数人没有心思潜心学问。等到清廷清除了大部分的反清势力，这些知识分子深知反清复明无望，才重拾书本，以教书论学为业。由于这批知识分子身受极大的亡国之痛，发而论学，所见更为深刻、更重视质朴的实用之学。清初以实用之学闻名的有黄宗羲、顾炎武、王夫之三人，后人合称“清初三大家”。

中国思想启蒙之父——黄宗羲

黄宗羲，字太冲，号南雷，别号梨洲老人、梨洲山人等，世称梨洲先生。他的父亲本身就是东林党人，因被权奸魏忠贤陷害而死，等到明思宗即位，黄宗羲马上上疏申冤，并获得平反。父怨获得平反后，梨洲遵从父亲遗命，拜东林党刘宗周当老师。二十一岁梨洲虽然考试落榜，却加入了继东林而起的论学组织“复社”。但也因为复社反对投机分子阮大铖等人，等到阮在福王即位得势后，就开始迫害复社。受到阮大铖的打压，梨洲等相关一干人全被捕下狱。直到清兵攻进南京，他们才得以趁乱逃脱。之后十余年梨洲就在逃难和抗清的生活中度过。四十七岁起，梨洲开始他读书讲学的生活。之后清廷不断请他出来做官，但他都坚决辞拒。

梨洲的著作很多，涉猎也很广，最有代表性的是《明夷待访录》，该书内容主要在探讨中国历代政治制度的得失利弊。而他所编写的《明儒学案》《宋元学案》，能够超出个人喜爱，将各学派的学说精华尽数搜罗，还提挈出各家特点，并重点叙述时代背景和思想家的个人经历，等于替中国思想史的撰写起了头，贡献很大。

由于黄宗羲受到家学的影响，加以向刘宗周求学，所以初期的学问特征是偏向心学的。但在国难当前之时，他的思想开始发生转变，渐渐地起身反对“高谈性命，束书不观”（只讲心性，却不说该如何应用书本的知识）这类思维，并认为那些一天到晚空讲学问的人，“一旦有大夫之忧，当报国之日，则蒙然张口，如坐云雾”。发生国难却只会嘴巴张得开开的，一句对国家有用的话也讲不出来。

明朝灭亡后，他潜心求学，重点多放在实用之学。整个看来，黄氏的思想变化，重心由对“心”的关怀转到注意“气”的变化。黄氏思想，融通了尊德行与道问学里那个“由智达德”的路程。

左手拿书，右手拿锄头——顾炎武

顾炎武本名绛，明亡后改名炎武，因故居旁有亭林湖，世称亭林先生。顾氏的母亲王氏并不是他的生母，而是宗族里叔叔未过门的媳妇。她因为遵礼而严守“望门寡”——明明还没出嫁，只是讲好要嫁给顾家，但还没成婚，未婚夫却死了，还肯守寡。顾家对她守寡的行为非常感恩，就把亭林过继给她。亭林的祖父对他要求非常严格，灌输给他的也是纯正的儒家教育。亭林的母亲王氏对他的教育更是重视，年幼时就教他读《大学》，还给他讲了非常多的历史英雄故事。后来亭林拜了老师，接连学了《周易》和《资治通鉴》。虽然他曾努力要考取功名，但同时他也“感四国之多虞，耻经生之寡术”（国难当前，只懂得读书，局限在书本当中是不行的）。于是亭林便开始留意经世致用的学问。后来他也和黄宗羲一样加入复社，也因此和黄宗羲一同遭受到迫害。

清兵进关后，亭林两个同胞兄弟投入抗敌战争，不料二人接连死在战场上。他的母亲王氏知道此事后选择断食，活活饿死，殉国明志。他母亲在死前给亭林的遗言交代说：“无为异国臣子，无负世世国恩。”（不能当异族人的官，不能辜负朝廷给我们的恩惠。）亭林为了躲避清兵追捕，向北逃难。不过在逃难的这段时间，虽然居无定所，但他从不中断读书。由于亭林很早就转学经世之学，对商业、生产道理了然于心，所以每到一个地方，就买田耕地，投资再投资，累积很多财富。晚年由于清廷采取怀柔招安的政策，亭林不再逃了，整天就忙着著书读书，清廷知道他的学问，有意招征为官，但他也和梨洲一样坚拒不出，甚至为了不求当世之名，连出面讲学也不愿意。

亭林的重要著作有《日知录》《天下郡国利病书》《音学五书》等。前两本是他经世之学的心得总成，后者是他提倡读书一定要从语言文字学着手的示范作品，这三本书在学术史上的价值都很高。

由于亭林深受亡国之痛，所以他对讲求向内关照的心学印象并不太好。他认为天命、命运，这些都是孔子很少讲到的事，为何后来的人却认为这是儒学的重点？他也认为这类清谈可能还是造成明朝灭亡的很大原因，所以他自始至终不断主张："君子之为学也，以明道也，以救世也。"（君子要学的是那些可以阐明儒道，求济世人的学问。）

穷到只剩下哲思——王夫之

王夫之，字而农，号姜斋。晚年因定居在石船山下的湘西草堂，所以被称作船山先生。船山的父亲拜江右派邹东廓后人邹德溥为师。船山自幼就继承家学，同时对多种学问都有涉猎，并获得一定的成就。

由于明末张献忠想借由船山的名声来抬高自己的身价，在率乱兵攻入衡州时抓住船山的父亲，把他当作人质，以此要挟船山，希望他能为自己效力。不过船山得知父亲被抓的消息后，用刀把自己刺成重伤，再叫人把自己抬到张献忠营里，"我人都变成残废了，还能替你做事吗？"这是船山要表达的意思。船山用这种激烈的手段希望张献忠能知难而退，后来更以计谋带着父亲从张献忠的营帐中逃脱。之后明室再次举兵，想要光复江山，船山也纠合义勇响应。可是明朝毕竟是病入膏肓，船山虽然全力对抗清兵，但仍然打了败仗。

虽然打了败仗，船山还没完全放弃反清复明的一丝希望，在这之后他接连投靠桂王和瞿式耜。可是明朝气数已尽，仅剩的一点势力也只懂得内讧和争权夺势。清廷挥兵南下，三两下就尽灭反清分子。船山眼见复明无望，就下定决心隐遁起来。

相较于黄梨洲和顾亭林，船山的生活是十分清苦的。住也住不好，吃也吃不饱，但在这样的物质条件下，他却创作出许多具有深度的作品。船山和朱熹一样，彻头彻尾地检视了儒学传统和中华文化，希望从中总结出一个对国家人民有利的学问，因此他的思想是极具包容性的。从中国思想史的角度来看，他的重大贡献是他提出心性既是受天而生，人都可以为善的看法——为善的重点在于养成良好的习性。而且这个良好习性必须时时日日去注意，因为“天日命于人，而人日受于天”（每日上天所交付给人的天性都不同，人每日都自上天得到不同的天性）。船山指出了人性养成的动态性，这在中国人性论的演变过程中是很大的突破。有人认为在这一波宋明新儒学思潮里，王船山的地位可以和著作等身的朱熹相比拟。船山的哲学作品有《张子正蒙注》《读四书大全说》《周易内传》《周易外传》等，历史作品有《读通鉴论》《宋论》等，都取得了一定的学术成果。

为了巩固政权，历朝历代对一些反对政府或攻讦朝廷的言论、著作，通常会进行惩戒和禁止。但近代的文字狱要以乾隆时期最为严重，不能说是绝后，但也空前。乾隆帝虽然为自己是个文化人而自豪，但在清查官宦士人文集或奏章里的“反清”思想方面，又特别地严重，简直已经到了有被害妄想症的程度。在他主政期间，可考的文字狱就有一百三十几起。其中很多案子，完全无法理解查抄的标准何在。执行文字狱时，动辄处死凌迟，残酷的程度更是无人能及。

举例来说，像孙嘉淦敢言犯谏，是众所周知的事。结果有人假冒他的名字写了奏稿，只冒名写奏稿也就算了，这奏稿里还猛烈地批评乾隆多次南巡，劳民伤财。为了这伪造的奏稿，乾隆龙颜大怒，不仅下令严查，还要严办查案不力的地方官员。结果冤狱四起，更株连了许多无辜的人。而被人冒名伪造奏折的孙嘉淦，虽然与此事完全没有关系，但因为此案所牵连及下狱枉死的人实在太多，孙嘉淦自认终有一天也会被牵连而落个死罪，竟然自己吓自己，最后把自己给吓死了。

还有一个例子是举人王锡侯读书时，为了增加《康熙字典》使用上的方便性，另外编了一本工具书《字贯》，作为《康熙字典》的索引，但仅因为更动《康熙字典》之前没有向朝廷报备，书中也不小心忘了避讳——避掉皇帝的名字，就被马上处死。类似这样无端找人找书找文章开刀找碴儿的例子太多，弄得读书人个个人心惶惶。

后来读书人发觉，与其创作或编纂会招致杀身之祸的作品，不如往故旧书堆里钻，做些考据的学问，这样既能立言，又不会不小心搞得自己身首异处。后来这样一个专作训诂考据的治学风气也就慢慢流行起来。由于此种考据学风流行、鼎盛在清乾隆和嘉庆年间，所以后来的人就称之为“乾嘉学风”，这类学问就叫“乾嘉之学”。又由于这类训诂考据的学问，相对于宋明理学心性之学来得科学、实际，所以又称为“朴学”。

若要向上探源，“乾嘉学风”的先声应该是明末清初的大儒顾炎武，他的著作《音学五书》最具代表性。后来的主要代表人物有阎若璩、钱大昕、戴震、段玉裁、王念孙、王引之等。但除了戴震之外，前列各人都将心力投注在文字、声韵、训诂诸学问中，只有戴氏在考据之外还发展出成熟的、属于自己的哲学观念。

戴震，字东原，十几岁拜师学艺时就能够过目不忘。读书不只知其然，还想要得其所以然。他日后训诂考据方面的成就便与这种实事求是的个性很有关系。可惜的是他的考运并不怎么好，一直到四十岁才乡试及第，之后考了六次会考都落榜。不过因为他极为用功，虽然没有官名，但早已是汉学泰斗。朝廷编纂大部头的书也都会咨询他的意见。同时他也拜当时著名的考据家江永为师，和另外几位知名的考据家钱大昕、朱筠都有往来。清代著名的说文学家段玉裁也是他的学生。

戴震生命中的最后几年都在讲学，并不断强调他的著作《孟子字义疏证》是他一生中最大的成绩。后人把此书和他的《原善》合编在一起，称作《戴东原先生全集》。虽然东原认为自己一生中最大的成就是写出了《孟子字义疏证》，但该书提出的哲学观点往往彼此矛盾，所以余英时才会批评道："乾隆时代有两个戴东原：一个是领导当时学风的考证学家戴东原，另一个则是与当时学风相悖的思想家戴东原。这两个戴东原在学术界所得到的毁誉恰好相反。"

为了避免落入文字狱，招致杀身之祸，乾嘉学者尽量避免研究与明、清有直接关系的事物。也因为这层缘故，他们的研究成果虽说是质朴踏实，却与社会完全脱节。到了嘉庆皇帝后，由于乾隆后期的好大喜功，国库早就空虚不已。财政吃紧之下，朝廷也没有太多心思放在对言论的控制上。外在的条件消失了，士人学子又有其他的学问好忙的了，特别是清末，有鉴于国力疲弱，列强环伺，有识之士注重西学、洋务的也渐渐多了起来，乾嘉学派就慢慢退出学术的主流。

虽然乾嘉学者的研究与社会现实脱节，对实际国计民生没有直接帮助，但也幸好有这一批学者不顾现实生活的需求，全心全力投入钻研中国传统文化，才让传统典籍得以保存，并发挥其学术价值。

想要了解清一代的学术变化，梁启超的《中国近三百年学术史》（与《清代学术概论》合刊）算是最早的参考书。不过由于梁氏思想比较倾向心学，批判火力不小，当酌情阅读。另外黄爱平的《朴学与清代社会》从理学末流一直讲到清末的中学西用，配合清代社会的变化来看，叙述得非常有条理，很有参考价值。

四、中国的善学问

中国哲学的各个面向，十分难能可贵的在距今两千多年前的春秋战国时代就已全面发展起来。这固然是由于在春秋战国之前，中国历史历经一定的积累，其中蕴含了原始宗教对天与人之间如何调和的认知、原始政治对人与人之间如何相处及分工的摸索、原始经济对自然与人之间如何相处的智慧。正是由于这些元素的酝酿，才造就了先秦诸子蜂起，各种学说大鸣大放的百花争妍局面。

有了先秦学说的奠基，再经过汉代讲究踏实学问的汉儒努力整理和维护，后来的哲人继承了丰富的精神遗产，再由此进行改造和融合，以求得符合自己安身立命，或进而己立立人的理论与思想基础，是极其容易的。

汉末佛学东传，短时间冲击了中国学术，而哲人运用其智慧，在原先的儒道会通底子上，再收纳进佛学，除了开创宋明的心、理学之外，也为众多不同派别的思想学问开了一条由外向内的“心路”。

虽然清末民初，在西方的船坚炮利之下，中国的命运显得坎坷，好在有一批留学生、洋务派给中学和西学搭了科学、民主等几座桥梁。这几座桥在复辟人士的颠覆之下看似摇摇欲坠，但也总算是提供了渠道，促使东亚睡狮觉醒。

中国的哲思，在先秦取得重大成果。之后历朝历代往不同的方向发展，使中国哲思更益成熟完善。虽然历经过如佛学与西学的巨大冲击，但中国哲人总是巧妙地将他山之石予以攻玉，截长补短，纳为己用，终致呈现当今绚丽多姿的盛大场面。

2
PART

国学中的“美”学问——文学之部

经国之大业，不朽之盛事

如果采用广义的概念，所有使用中国文字所写成的作品，本质上都可以称为中国文学。但本书采用比较狭义的概念，我们所认定的中国文学，是以中文写成，经过刻意经营而可以制造出美感的文字作品。

假如以发生的时间来排序，中国文学应当要以神话故事为最早——虽然尴尬的是神话的写定要晚至战国时期。所以在谈中国文学前，得先了解中国文学的精神土壤——神话。

神话之所以会产生，是因为先民在知识受到限制的情况下，还不能充分解释并掌握大自然的变化规律，因而对大自然所产生的致命力量感到恐惧，于是他们通过想象，将自然的力量予以形象化或人格化。同时，为了保留自身力量及维系生存的一丝希望，先民又通过想象或附会，塑造出能够对抗大自然的祖先及英雄人物。这些解释大自然现象和记录英雄人物的故事，早在原始人具有未臻成熟的心理时期就已经产生，因此应该没有比这更早的文学作品了。

因为人类自始就有战胜大自然的念头，口耳相传的神话中，有一类讲的就是人类如何和大自然对抗的过程。例如《淮南子·览冥训》所记载的“女娲补天”，讲的是远古时，大地发生巨变，支撑苍天的四根柱子断了，到处都是灾难。于是女娲氏炼五色石来补苍天的缺口，大地才慢慢恢复平静。从这则神话的内容可以推知它应该是产生在母系氏族社会中。借由女娲，上古人民歌颂氏族的远古女性祖先在对抗天灾时的气概和智慧。

上古人类氏族之间为了不同的利益考虑而发生冲突，这也是有的。神话中就有一类记载下这类原始的战争。例如《淮南子·天文训》的“共工怒触不周之山”，讲的是共工和颛顼争做天下共主，结果共工打败仗却不服输，还发怒去撞倒支撑天地的不周山，造成天塌地坼。这个神话反映了共工族和颛顼族之间的激烈冲突。从战争之后发生天地失序的情况来看，这场战事对人民的影响层面和范围是很大的。

先民凭着自己的经验与想象去解释大自然，并提出一些说法，富有想象力。例如《艺文类聚》所记载的“盘古开天辟地”，讲的是天地之初，就好像一团混沌的鸡蛋，而盘古孕育在其中。经过一万八千年后，这个大鸡蛋裂了开来，盘古站在天地之间，撑住天地，使天地不再密合。这个神话反映出了先民试图用最简约的形象来解释天地的形成。

不过要注意的是，神话故事一开始的流传是以口语的形式进行。由于口传文学实在太容易在传播的过程中被人加油添醋，所以神话一般来说内容都十分夸张荒唐而脱离现实。又因为神话在原始社会迈入文明社会时被认为是荒诞不经的胡言乱语，不受经世济民的有识之士所重视，所以它们以文字记载下来的时间相去产生的时间也就晚了许多。精确一点说，到了战国时期，一些论理的文章、记录各地历史地理的著作才开始因为写作的需要而在文字中运用上神话的片段。除了上文所提到的《淮南子》《艺文类聚》，先秦的《庄子》《战国策》《楚辞》《韩非子》等书也记载了不少神话故事，读者可以参看。

如果撇开神话这种最初的口传形式的文学作品不算，光讲书面文学作品的话，由于史料缺乏，三代以前的书面形式的文学几乎是看不到的。所幸两周的资料还算齐全。然而东周自春秋中期以后，经济和政治环境十分动荡，既刺激了学术文化的开花结果，也促进此时期历史散文和哲理散文的发展，相关作品可参考本书“善学问”“真学问”二部分。以下就单从周朝的书面文学作品讲起，一路讲到清朝文学。

一、北《诗经》、南《楚辞》——中国文学的源头

中国文学里，《诗经》是最早真正展现了美的艺术的纯文学作品，它搜集了西周初年至春秋中期这段时间中，各国各地的老百姓和贵族的心声。排除《诗经》这类群体著作，在个人撰作的纯文学中，最为可信可考、且属第一的就是屈原的骚赋作品。到了汉代，连同屈作与其他充满强烈个人情绪的作品，皆被收入《楚辞》当中。

由于《诗经》的作者群集中在中国北方——黄河流域，而屈原以及呼应其精神而创作的许多作家都是南方人——长江流域，所以在讨论中国文学的源头时，常会说“北《诗经》、南《楚辞》”。这里就以南北文学的老祖宗《诗经》和《楚辞》作为本部分第一节的开头。

温柔敦厚的流行歌——《诗经》

《诗经》是中国第一部诗歌总集，书中收的诗作横跨西周初年到春秋中期。扣掉只有题目而没有内容的六篇“笙诗”，全书收有三百零五首诗。根据诗作的内容，可以粗分为《风》《雅》《颂》三部分。

《风》指的是记录各地风俗民情的民歌，总共有十五国风，包括周南、召南、邶、鄘、卫、王、郑、齐、魏、唐、秦、陈、桧、曹、豳的民歌，时间上大部分是东周的诗。代表作有《豳风·七月》，讲的是农民一整年的农忙景况，诗中暗示了遭受贵族剥削的情形。《周南·关雎》则讲的是君子大方追求所爱恋女子的心声，其中“窈窕淑女，君子好逑”，广为人所熟知。《卫风·伯兮》则写到一位女子对随军远征丈夫的思念，“自伯之东，首如飞蓬”，写到对女子而言最重要的另一半不在家，无心整理仪容，蓬头垢面，作者对女子的心理描写精到。

《雅》指的是西周中期或晚期，在宫廷里演奏的典雅乐歌。《大雅》是朝会的时候使用的，有三十一篇；《小雅》是宴飨的时候使用的，现存七十四篇。《大雅》当中最常为研究周史的学者所引用的是《生民》，该诗记述了周朝始祖后稷成长的过程和对农业的贡献。《小雅》里的《鹿鸣》则记录了周王燕饮群臣、礼贤下士之事，除了用礼乐迎接群臣、奉上美味的食物外，还给群臣准备了带回家的伴手礼。直到今天有些餐馆的包厢还以“鹿鸣”为名呢！

《颂》指的是宗庙祭祀时所用的歌颂诗，歌词内容主要是向神明或祖先报告自己的成功事迹。除了表示没有辜负祖先的名声外，也能给后辈立下榜样。《颂》中，时间最早的是《周颂》三十一篇，是周天子用的。稍晚的《鲁颂》四篇，是鲁国国君表扬周公用的。最晚的《商颂》五篇，是以殷商后代宋国君主为主角的祭歌。据说由周公所写的《周颂·清庙》，诗中记录文王效法天德、尊敬上帝、爱护人民的事迹，可以说是这类诗作的代表。

《诗经》取材广泛，历史、政治、农事、爱情，无所不包，全面反映了那个年代的生活实况。那么《诗经》中的诗又是怎么来的呢？目前主要有“王官采诗”和“孔子删诗”两种说法。《汉书·食货志》提到周朝派出专门的使者，在农忙时到全国各地采集民谣，汇整之后呈给天子。搜集各地民谣的目的在于使天子了解地方民情并及时修正施政方针。借由“王官采诗”这个方式采集来的诗作，有部分就收入《诗经》中。

《史记》提到，在孔子之前，据说留存下来的诗作有三千多首，但孔子根据是否合于礼义的这个条件，选留其中的三百余篇，成为今天《诗经》的底本。不过《史记》的说法显然不太可靠。因为依孔子当时的身份及诸侯国各自为政的局势来看，不可能孔子一人就可以决定《诗经》的篇幅，而他删节的版本后来又广为其他各国所采用。合理的情况应该是王官先采诗，有的流传下来，有的散佚了，孔子为了教学的目的，再从这些诗篇里予以挑选、删节。而这个有教育意义的《诗经》版本就慢慢流传开来，至于那些没收入“教科书”的作品，也就渐渐没人理睬，后来收有三百多篇诗的《诗经》才成形。

西汉初年，传授《诗经》的主要有四家。其中鲁国人申培、齐国人辕固、燕国人韩婴这三家的解诗著作除了《韩诗外传》外，都已经失传。后人称这三家所传今文经《诗经》为“三家诗”。另外一家传的是古文《诗经》，传者为毛亨、毛苌，因而此派所传被称作“毛诗”，流传到现在的《诗经》主要是这个本子。

《诗经》大部分的作者来自社会底层，所以《诗经》所反映的社会状况十分写实，其中的情感也非常真切。因此孔子对《诗经》有很高的评价，他说诗三百的最大特色就是思想纯真，它的特点就是温柔敦厚。孔子甚至认为不学诗，就无法懂得社会百态、人情世故，这样的人是无法和他沟通、连话都跟他讲不上的。从孔子对《诗经》的高度赞赏不难看出《诗经》对中国古代文学的深刻影响。

想读《诗经》，杨伯峻的《浅谈诗经》或吴宏一的《白话诗经》是很好的入门书。再要进阶研究它的经学义理，余培林的《诗经正诂》，论述四平八稳，很值得选读。

悲时不遇的绝命词——《楚辞》

"楚辞"原本指的是战国时代的伟大诗人屈原创造的一种诗体。"楚辞"运用楚地的文学样式、方言声韵，叙写楚地的山川人物、历史风情，具有很浓厚的地方特色，一如北宋黄伯思在《东观余论》中的描述："皆书楚语，作楚声，纪楚地，名楚物。"到西汉刘向把屈原的作品及宋玉等人承袭屈赋的作品编辑成集后，这些作品才由一种特殊文体而变成书名——《楚辞》，并成为继《诗经》以后，对中国文学具有深远影响的一部诗歌总集，同时它也是中国第一部充满浪漫主义作品的诗歌总集。

一般以为《楚辞》的作者就是屈原，这可是天大的误会，因为该书所收，除屈作，也有一部分是战国楚文人宋玉、景差和汉初辞家贾谊等人的作品。不过由于屈原的《离骚》是《楚辞》

中的代表作，所以《楚辞》作品因此被称作“骚”或“骚体”。这类骚体因为多半篇幅较大，又直抒胸臆，汉代人也因此而把《楚辞》称为“赋”。

《楚辞》的主要作者屈原，名平。他是个极干练的人才，二十几岁就出任楚怀王的左徒，兼管全国内政和外交事务。不过由于他一直主张彰明法度，授贤任能，并联合齐国来对抗秦国，种种激烈的政治思想和主张，直接威胁到楚国贵族们的既得利益，因此受到怀王稚子子兰及大臣靳尚等人的排斥，最后还遭受谮毁而被贬。到了顷襄王时，屈原不见容于楚国朝廷，更被放逐，远离楚国政治的核心。忠君爱国的他眼见自己无力阻止楚国走向覆亡的道路，忧愤之余便身系大石，投汨罗江而死。

屈原大部分的作品，创作时间是在他被贬以后。贬谪对政治的屈原是不幸的，但对文学的屈原却是幸运，没有贬谪，就没有影响中国浪漫文学的屈赋出现。屈赋名篇有《离骚》《九歌》《九章》《天问》等。这些作品大致可分两类：一种写的是屈原遭放逐时的政治感怀，譬如《离骚》与《九章》；一种写的是他的价值观和世界观，如《九歌》和《天问》。其代表作《离骚》是中国古典文学里最长的一篇浪漫主义抒怀诗。全诗充满“信而见疑、忠而被谤”（忠信却被怀疑而遭到毁谤）的委屈。

而《天问》针对天文、地理、人文提出一百七十几个问题，更被后人认为是具有十足科学“怀疑精神”的作品，《天问》也充分展现出屈原追求真理和勇于批判的人格特质。

《楚辞》是在楚国民歌的基础上经过加工、提炼而发展起来的，有着浓厚的地方特色。它在中国文学史上占有重要地位，后人也因此将《诗经》与《楚辞》并称为“风”“骚”。“风”指十五国风，代表《诗经》，充满着人文主义、写实主义的精神；“骚”指《离骚》，代表《楚辞》，充满着浪漫主义、理想主义的气息。在这之后，风、骚成为中国古典诗歌中社会写实和理想浪漫两大创作流派的源头和典范。

目前流行的《楚辞》注本是东汉王逸的《楚辞章句》。在《楚辞章句》的基础上，南宋人洪兴祖又作了《楚辞补注》。此后，南宋朱熹著有《楚辞集注》，清初王夫之撰有《楚辞通释》，清人蒋骥有《山带阁注楚辞》等。他们根据已见，做了许多辑集、考订和注释、评论的工作，从这些著作着手来认识《楚辞》，可以得到很多收获和启发。

《诗经》《楚辞》比一比

差异处	《诗经》	《楚辞》
流行地域	北方黄河流域	南方长江流域
作者	非一人一时	屈原、宋玉等人
风格	重写实	重浪漫
内容	取材社会、温柔敦厚之作	讲述个人情感与理想，情绪激烈
篇幅	较短	较长
字数	以四字句为主	以七字句为主，长短不拘
重要性	诗歌总集之祖、韵文之祖、纯文学之祖、北方文学代表	集部总集之祖、辞赋之祖、南方文学代表

二、写汉赋，唱乐府
——气势磅礴的汉代文学

经久不衰的赋体文

“赋”是流行于汉代的文体。作为文体名称，它渊源于《荀子》的《赋》篇。《赋》篇由《礼》《知（智）》《云》《蚕》《箴（针）》五篇像猜谜一样的短文所组成，文中先叙述主题的条件或特征，最后再道出谜底。这样尽情铺陈、累叠描述的写作方式，直接受到屈、宋那种大篇幅的骚赋和战国畅言抒议散文风气的影响。

由于“文景之治”轻徭薄敛，汉帝国的生气慢慢恢复过来，经济的发达给汉赋的发展提供极雄厚的物质基础；而统治者如汉武帝对赋的喜爱，更鼓励了读书人竞相加入创作赋的行列，甚至还有人因为依着这样的渠道而谋得富贵功名。种种原因相加相乘，促成汉赋的茁壮成长，它也就成为汉代四百多年间文人创作的主要文学体裁。

汉赋最大的特点在于它散韵夹杂，采用铺陈作为主要笔法，以咏物作为主题。但在汉赋漫长的演变过程里，个别的发展偏重不同，致使汉赋呈现至少五种风格：一种重在渲染宫殿城市的雄伟；一种写实描写帝王游猎的盛大；一种详细叙述旅行的经历见闻；一种抒发怀才不遇的心情；一种杂谈鸟兽虫鱼草木。其中第一、第二类的作品数量很大，是汉赋的代表。因为赋是整个汉代最流行的文体，所以后来的人都把它看成汉代文学的代表。从篇幅上来看，汉赋分为大赋和小赋。大赋篇幅大，文字间气势磅礴，所使用的词汇也异常华丽而艰涩。小赋走的则是和大赋相反的路线，文字较为清丽，没有大赋的那种压迫感，主题也跳脱大赋的专事咏物，扩展到抒情和讥讽时事这方面来。

汉初的赋家继承《离骚》精神进行写作，这类作品的内容多半写的是作者的政治见解和不得志的悲叹，和屈原在《离骚》里的感慨很像，所以被称作“骚体”。创作骚体赋而比较有成就的代表作家是贾谊。贾谊年轻时就很有文名，因为对诸多政治议题有敏锐的观察和见解，是文帝时被拔擢的博士当中年纪最轻的一个。但由于他设计的礼仪制度对官僚及王族来说是很大的约束和困扰，后来遭贬为长沙王太傅。之后文帝请他出任爱子梁怀王的太傅，本来梁怀王极有可能继位为汉帝，不料田猎时发生意外，坠马而死。虽然这不是贾谊的错，但责任感强烈的他自责不已，最后竟然忧郁而死，死时年仅三十三岁，这对中国文学来说是极大的损失。

贾谊的代表作是《鹏鸟赋》，赋中由听到鹏鸟不吉利的叫声说起，先写向鹏鸟请教自己的不得志要何时才到尽头，接着用道家“福祸相依”的道理来自我安慰：“天不可预虑兮，道不可预谋；迟速有命兮，焉识其时？”什么时候走运，什么时候倒霉，有谁知道？最后他决定将自己托付给命运，如此也就再也不会有忧虑。《鹏鸟》全篇有着屈赋的味道，但和屈赋不同的是屈原自始至终比较像在钻牛角尖，而贾谊则是用道家的豁达走出了死胡同。

与贾谊同时的淮南小山和枚乘等人的骚赋作品也有一定的价值。例如枚乘的《七发》采用问答体，利用楚太子和吴客的对答，揭示安逸享乐会导致疾病，除作品带有《诗经》的讽喻精神之外，文章篇幅拉大，文采也比较华丽铺张，初具大赋的特质。

汉赋到武帝以后，骚体的色彩渐渐消退而演变为散体大赋，并且蓬勃发展，达到兴盛。这些大赋，很多是描写汉帝国威震四方的国力、各地都邑的繁荣、水陆物产的丰饶、宫室建筑的绚丽，以及皇室贵族田猎或歌舞时的壮观场面。司马相如是汉代大赋的奠基者和成就最高的代表作家。

司马相如年轻时既读书又习武，但当时的景帝对文学没有兴趣，所以司马相如的官路一开始走得并不顺遂。后来他归乡投靠临邛令，当地的富人卓王孙对县令的这个幕宾非常好奇，便找了一天约司马相如到家里做客。由于司马相如口吃，县令怕他当众出糗，就给他备了把琴。当天相如乐兴大发，弹了一首《凤求凰》，这让隔墙偷听的卓王孙之女卓文君非常动心。相如知道卓文君仰慕自己，买通了文君身边侍女帮他传递情意。对司马相如一见钟情的卓文君把细软收一收，当天晚上便与相如私奔。由于文君新寡却私奔，让卓王孙脸上无光，所以就算他们两个身无分文，卓王孙仍不愿资助。后来相如想了个办法，先向亲友周转，筹了点钱开了间酒铺，再让文君当炉沽酒。那时候的名门闺女是不好抛头露面的，卓王孙怕女儿当街卖酒，更坏了家族名声，架子也就放软了，于是便出钱帮助他们改善生活。

没多久，相如叙写诸侯田猎盛况的《子虚赋》被汉武帝知道了，武帝大为赞赏，召相如入宫。相如应武帝要求，再写了篇铺陈天子苑猎的《上林赋》。由于《子虚赋》借楚国子虚和齐国乌有的对话逞尽楚、齐两国的风采和气象，在《上林赋》里，相如再安排了亡是公这一角色和子虚与乌有进行对话。借由亡是公的嘴巴，赋中道出天子所有，远不是楚、齐两国所能相比。《上林赋》用尽工笔，拍了武帝好大的马屁，大大满足了武帝的虚荣心，相如也因此得到武帝的赏识，仕途一帆风顺。相如赋作里的“子虚”“乌有”都是虚拟人物，泛指不真实的，成语“子虚乌有”典故就是从这里来的。

西汉末年，最著名的赋家要算扬雄了。扬雄和相如一样都犯有口吃的毛病，也因为口齿不流利，所以扬雄把心思都放在了写作上面。在赋的写作上扬雄十分推崇相如，他的《甘泉》《河东》《羽猎》《长杨》在思想、题材和写法上，都与司马相如的《子虚》《上林》很接近。不过扬赋的讽谏成分相较于司马相如则是明显增加，这大概是因为西汉末年国家已呈现颓势，赋作里再讲些粉饰太平的话，良心会过不去吧？

相如对赋的影响一直延续到东汉。例如东汉前期的著名赋家班固也是从模仿相如赋着手来进行创作。不过班固把描写的对象从帝王诸侯的宫苑游猎扩展到整个帝都的形势、布局和气象，并运用了长安、洛阳的许多实际史地材料，如《两都赋》。因而和相如相比，班固的作品在记录建筑及都市规划史料的价值上要更胜一筹。

东汉中期以后，没有实质内涵的散体大赋逐渐退出流行，抒发心情或志向的小赋开始兴起。这种小赋反映社会黑暗现实，讥讽时事，张衡是这时期小赋的代表作家。张衡具有代表性的赋作是《二京赋》和《归田赋》。《二京赋》虽然形式上还是有一点相如以来宫苑田猎系列作品的色彩，但张衡有感于“天下承平日久，自王侯以下莫不逾侈”（《后汉书·张衡传》），所以在赋作当中放入更多的劝讽元素。而《归田赋》质朴率真的语言描写自然风光，文里行间也抒发了自己不肯同流合污的情志。就这点而言，张衡的《归田赋》在汉赋发展史上是一个重要的里程碑。

在汉末文人五言诗出现之前，赋是两汉四百年之间流行于文坛的主要文学形式。虽然两汉文学主流大赋，在辞藻上的过度堆砌为汉赋招致了文学批评家的抨击，但在文学史上汉赋仍然有它的价值。首先，赋的结尾制式性的要对统治者进行劝谕，这对贵族阶级的奢华生活起到某种程度的警告作用；其次，汉赋虽然堆砌辞藻，但在堆砌的过程里，无形中提升了文章的修辞和描写技巧；最后，从文学发展的过程来看，正因为两汉帝王的重视，辞赋兴盛，大量的作品产出，使文人学者不再单纯用艺文娱乐的态度来看待文学，这对中国纯文学观念的形成，也都有一定的帮助。例如《汉书·艺文志》在《诸子略》以外专门设立《诗赋略》，不可谓不是汉赋的功劳。

虽然大赋在汉末式微，但赋仍以其他的方式存在于文坛，六朝的骈赋、唐代的律赋、宋代的散赋、明清的股赋，多少可以看到汉赋专事铺陈的影子。想读单篇，从贾谊、相如和张衡的作品下手，可以对汉赋有大概的了解。如果对汉赋的发展有兴趣，读简宗梧的《汉赋源流与价值之商榷》《汉赋史论》比较恰当。而从文学本位看待汉赋，孙晶的《汉代辞赋研究》综合东、西方学者的研究，探索汉赋的义理和思想，内容耳目一新。至于读本，费振刚等人编的《全汉赋校注》算是收罗蛮齐全的本子。

赋体的演变

时间	战国	两汉	汉末到魏晋	唐	宋	明、清
名称	短赋	汉赋	骈赋	律赋	文赋	股赋
异称	荀赋	古赋、辞赋、大赋	俳赋、小赋		散赋	八股文赋
时代背景	荀子定居楚国讲学	根源于《楚辞》发展出来，但韵文成分减少，散文成分增加	骈文流行，骈体的写作形式限制了赋的创作	近体诗的格律规范应用到赋的创作	物极必反，由重格律回头走向轻格律	插入八股文的句法

续表

时间	战国	两汉	汉末到魏晋	唐	宋	明、清
重要篇章	荀子《赋》	贾谊《鹏鸟》，司马相如《子虚》《上林》，扬雄《甘泉》《羽猎》，张衡《归田》，赵壹《刺世疾邪》	陆机《文赋》、王粲《登楼赋》、曹植《洛神赋》	杜牧《阿房宫赋》	欧阳修《秋声》、苏轼《赤壁》	

哼哼唱唱的汉乐府

“乐府”本来是汉武帝时设立的音乐机构，这个机构的主要工作有两项：一是搜集民间流行的歌谣；二是替文人所写歌功颂德的诗配上乐谱。这两项工作所集合起来的作品，乐府都会在表演场合公开伴奏演唱。由于“乐府”是采诗来配乐的机构，所以后来的人就将这个机构所采集来的诗称作“乐府”，也有人称这些诗为“乐府诗”或“乐府民歌”，结果“乐府”就从官署的名称变成特定诗体的称呼了。

汉“乐府”所搜集到的民歌集中在黄河、长江流域这片汉王朝的主要势力范围。当时流行于歌坛的汉“乐府”的篇数至少有一百多首，后来因为哀帝并不喜欢“乐府”，还下了禁令，乐府的艺文工作因此停摆，当时没有录音带或 CD 可以把它们记录下来，读书人也不流行揪团到 KTV 去练唱，没人记录、没人传唱，汉“乐府”诗就这么散佚了大半。

流传到今日的汉“乐府”，目前还有四十多首。其中有一类诗作，以反映战争的无情为主题，代表作是《战城南》。《战城南》悼念战死的兵士，首两句“战城南，死郭北”和末两句“朝行出攻，暮不夜归”相互呼应，写出战事的激烈；“枭骑战斗死，驽马徘徊鸣”则道尽激战之后战场上的荒凉恐怖。《战城南》这两个叙事重点，让世人深刻感受到战争的无情。

另外有一类著作反映出社会中低阶层人民的贫困生活，代表作是《东门行》。《东门行》写一位老汉家中无储粮，为了妻儿而打算出草为寇的困境。大部分寇贼铤而走险是贪求不义之财，但老汉却是为了图得一家温饱而不得不抛弃人的良知，令人情何以堪。

也有一类著作揭露统治者的贪赃枉法，代表作是《陌上桑》。《陌上桑》叙述一位太守在路上看见风姿绰约的有夫之妇罗敷，竟想调戏她，进而占为已有，不料遭受罗敷的严词斥责：“使君自有妇，罗敷自有夫。”言下之意，你早是有老婆的人，而我也早就结婚了（请你不要有非分之想）。读这首诗作不难想见当时的官僚为了一己之私而胆大妄为，诗中还歌颂了罗敷不畏权势的勇气。

在乐府里也有爱情主题的歌诗，代表作是《上邪》。《上邪》的内容描写一位女子对所爱者呼天为誓，先后以五件自然界不可能发生的现象“山无陵”“江水为竭”“冬雷震震”“夏雨雪”“天地合”发誓，说明自己永不变心的爱，意思和现今表白爱情时常讲的“海枯石烂，至死不渝”相当。从这番誓言里可以深刻地感受到她对爱的坚持。

谈到汉“乐府”，就不得不把其中的五言诗拿出来好好讲一讲。五言诗是从西汉五言形式的民间歌谣变化而来的。西汉已经开始流行五言诗，所以乐府歌词中出现一些五言诗歌也是顺理成章的事。但这时候的五言诗数量还不算太多，体制格律也不是很严谨。到了东汉，五言诗的体裁稳定成形，《古诗十九首》的出现，正标志着五言诗的成熟。

《古诗十九首》这组诗名是南朝梁昭明太子萧统在编入《昭明文选》时所给的，各篇采用各诗的首句作为篇名，而原本这组抒情诗既无诗名，其中个别的单篇也是没有篇名的。从内容来看，《古诗十九首》应该不是一时一人的作品，而是一批离臣、弃妇、游子诗作的结集。

《古诗十九首》里广为人所传颂的名篇有《青青河畔草》《西北有高楼》等。《青青河畔草》写的是一位从良的倡女独上高楼，看着草青柳郁的园景，却无良人相伴，百无聊赖讲出“荡子行不归，空床难独守”的话来。正值青春年华的女主人翁独守空闺，等不到良人归家的那种苦闷，充满字里行间。

《西北有高楼》讲的是一位读书人听到西北高楼上传来的乐声，想到自己长时间不得赏识、不能一展抱负，不禁悲从中来。高楼是一种象征，它象征遥不可及的仕宦机会。诗文“但伤知音稀”深沉陈述了遇不到伯乐的痛苦，此诗可说是失意诗的佳作。另外像《庭中有奇树》写思念友人、《迢迢牵牛星》写远距离恋爱，这些诗作也都很有可读性。

汉末文人特别关心自身的存在意义，连带让自己与所生活的社会环境产生更密切的联系。在那样一个朝不保夕的时代背景下，文人不再把心思放在歌颂朝廷上，而是开始关注与诗人生活息息相关的政治、友情及爱情议题。这是《古诗十九首》具有写实精神的外在因素。在中国诗史上，《古诗十九首》对五言诗的发展有重要意义，它的题材内容和表现手法成为后来诗人的学习标杆；它的艺术风格和以它为标准的文学批评，也主导了后世的文学理论。

南朝梁萧统编的《昭明文选》、南朝陈的徐陵编的《玉台新咏》或北宋郭茂倩编的《乐府诗集》收入了大部分的乐府古诗。想要学《古诗十九首》，读张清钟的《古诗十九首汇说赏析与研究》，可达到初步认识的目的。至于王运熙和王国安的《汉魏六朝乐府诗》、王运熙的《乐府诗述论》或张永鑫《汉乐府研究》，对认识整体乐府诗有较大的帮助，不过内容较为艰难，读者可以自行选择。

历代“乐府”的内涵

时代	汉以前	汉末	魏晋	魏晋以后
内涵	官府名，据说秦就有此机构	乐府所采集的民间歌谣及文人仿作的入乐诗篇	仿照乐府旧题、体裁或手法的诗篇，或不入乐	仿乐府的古意所作的诗篇，不入乐

三、先七子，后七贤
——一身傲气的魏晋文学

建安七子的建安风骨

一提到汉魏的文化特色，学者多半以“建安风骨”来形容。“建安”是东汉献帝的年号。“建安风骨”典故出自唐代李白《宣州谢朓楼饯别校书叔云》诗：“蓬莱文章建安骨，中间小谢又清发。”李白用“蓬莱文章建安骨”来形容他族叔李云文学作品中的刚建气息，“建安风骨”后来也就用来指称建安年间重要思想家或文学家——曹操、曹丕、曹植（三曹）、孔融、王粲、陈琳、徐干、刘桢、应玚、阮瑀（建安七子）——思想和文学作品里的自由、质朴、明朗与写实风格。

汉献帝时，由于掌权的宦官为了肃清异己，先后两次发动

“党锢之祸”，文人朝不保夕，各个变得短视近利。统治者在短暂的掌权时间里尽其所能地剥削人民，因而朝政日益腐化，人民更是怨声载道。在生命饱受威胁的情况下，人民将生活重心及情感寄寓在宗教上也就不足为奇了。当时民间流行太平道，由张角三兄弟所引领。张氏三兄弟除了以宗教和中药的力量治疗百姓心理、身体的病痛外，也集合了大股的反朝廷势力，最终爆发了战争。

这群反朝廷势力认为汉室的国祚已到尽头，该有新的政权起而代之。于是打着“苍天已死，黄天当立”的口号（苍天指汉室，汉室依五德终始说，认为自领水德，色属苍黑，所以张角才自诩黄天，黄为土色，土能克水），头绑黄巾，起义叛汉，纷扰多年。虽然最终还是被平定下来，不过汉室也因此元气大伤。为了压制各地反汉的势力，中央权力大股下放，最后导致地方州牧拥兵自重，各据一方。由于军阀连年混战，内祸外患，接踵而来，在战争兵祸饥荒瘟疫中，田地荒废，百姓离散。

随着东汉王朝的衰落，过去用以统治人民的儒家思想发生动摇。这个时候，神仙家的思想顺势蔓延开来。到曹操执政的时候，用人唯“才”，一连下了几道命令，不管是否读圣贤书，是否具备忠肝义胆，只要能“治国用兵”的人，即使“不仁不孝”，曹操也会大大地重用。因此，儒学更受到压抑，而异端思想更加活跃。而整个社会思潮，自然更加复杂了。

建安九年（二〇四年），曹操占据邺城后，在北方创造了一个以邺城为中心相对稳定的政治局面。曹操文韬武略，拥有战功之外还爱好文学。许多文士也因为知道曹操这一点嗜好，相继投奔曹营，一个以“三曹”（曹操与儿子曹丕、曹植）为领袖、以“七子”为代表的文人集团俨然成形。这个集团的主要成员在战事时大多随军出征，有的领兵作战，有的出谋划策；世道较为平静后，他们就习文作诗，讨论文学。

邺下文人特殊的生活经验，让他们的创作议题集中在战争乱象、社会动荡和人民苦难这些焦点之上。也因为此时期的文人创作了众多的写实作品，呈现出明朗刚健、悲凉慷慨的时代特征，这些具备“建安风骨”的汉末魏晋作品在中国文学发展史上占有极重要的一席之地。

邺下文人集团当中，要属“建安七子”最有名，他们也是建安文学的推手。建安七子之首的孔融是孔子的二十世孙，他年轻的时候便展露出过人的机智和快速的反应，“孔融让梨”的故事大家耳熟能详，《三字经》里还有以此事当模范的话：“融四岁，能让梨。”

孔融任官直言敢谏，这是他的骨气。但也正因为他太过于正直，在很多公开场合高调地反对曹操，终于招致杀身之祸。

孔融现存作品只有少数的散文和诗作，散文中《荐祢衡表》主要在向曹操推荐有才但很爱批评时政的祢衡，颇有骈文气息。而《与曹操论禁酒书》，在面对主张禁酒以澄清吏治的曹操时，提出汉得天下全靠酒的主张，例如“高祖非醉斩白蛇，无以畅其灵”（高祖刘邦要不是喝醉酒，怎能有勇气砍了象征秦国国祚的白蛇？）、“樊哙解厄鸿门，非豕肩卮酒无以奋其怒”（樊哙要不是吃了猪脚喝了酒，怎会有机会阻止项羽、范增在鸿门宴后对刘邦的追杀，让刘邦得以尿遁成功？）、“郦生以高阳酒徒，著功与汉”（郦食其这位给刘邦出了很多妙计的策士，不也自称是来自高阳的嗜酒之徒？），文中孔融还举出很多禁酒但仍然乱政的史例，证明禁酒与政治清明与否并无绝对关联。其实孔融的这些举例，有些是牵强而带有玩笑味道的，说它是歪理也不为过，但一时之间还真不容易找到反对孔融的话头，也无怪乎曹操会对他恨得牙痒痒的。

七子中的陈琳，他最著名的散文作品是《为袁绍檄豫州文》，写这篇文章的目的本在替袁绍出兵攻打曹操找理由，所以文章一一细数曹操窃国的罪状，还诋斥曹操的父祖，在曹操的身世上给予重大打击。该篇文气很盛，内容极富煽动力，由于曹操原本就有头痛的毛病，那天在接到这封檄文的当下正在犯病。结果在看完陈琳的文章之后，曹操全身不由自主地冒汗，刚犯的头痛也不药而愈了。《为袁绍檄豫州文》能让曹操吓出一身冷汗，还吓到他的头痛痊愈，这故事情节虽然有点夸张，但也看得出陈琳撰文的功力确实了得。

陈琳除了散文写得好，也有优秀的诗作，如《饮马长城窟行》，诗中借用秦代修筑长城的故事，写当时繁重的徭役给民间带来的苦难。战士们的想法是，宁愿战死沙场，或者载誉还乡，如果被派去修筑长城，生死未卜，很是不值得。“边城多健少，内舍多寡妇”两句点出戍边士卒无法顾及家人的无奈；而“生男慎勿举，生女哺用脯”，则有违一般传统“重男轻女”的观念，这是为什么呢？生了男丁，将来给国家征召去打仗，活着回来承欢膝下的机会少；但生了女孩，漂亮的话还有机会嫁入豪门，给自己带来富贵。有这样违背当时价值观的想法出现，还真是时代的悲剧。

七子中的王粲最为人称道的就是他强记默识的能力。有一次他和朋友出游，不经意地看了路边石碑一眼。等到走远之后，朋友突然想起这石碑，就问王粲是否还记得那上面的内容，没想到他一字不漏地将碑文背诵了出来，这可吓坏了友人。王粲也曾经在一旁看人下围棋，结果棋局不小心被打乱了，王粲便出手把棋子摆回原来的位置，一个子儿都没摆错。从这两件事可看出王粲的专注力非常惊人。

平心而论，七子的文学作品，就属这位强记默识的王粲水平最高。他的《西京乱无象》写他由长安避乱荆州时，途中所见饥妇弃子的情景，惨绝人寰，深刻揭示汉末军阀混战造成的乱象。而“出门无所见，白骨蔽平原”，描述出门见不到半个人影，只有成堆的白骨，让人触目惊心。王粲的《登楼赋》则是他登高咏怀的代表作。全篇先写高楼东西南北的地理位置和相关历史故事，再写他的思乡之情和怀才不遇，结尾呈现作者期待受到重用，以实现澄清宇内的理想。《登楼赋》全篇情感真实丰富，是抒情小赋中的名篇。

徐干的散文名作《中论》探讨的是传统儒家修身、治学、锻炼政治修养的方法；他的情诗《室思》写得一往情深，极其动人。阮瑀则以章表书记（政府公告文书）著称。应玚代表诗作《侍五官中郎将建章台集诗》以朝雁比喻离乡觅明主的自己，很有游人思乡，兼及怀才不遇的味道。刘桢诗以《赠从弟》为代表作，诗中勉励堂弟好自学习，以等待人和政清、明主在位的一天到来，很有积极精神。徐干、阮瑀、应玚、刘桢的作品也都值得一读。

虽然建安七子诗文上都有不错的表现，但最为后人称道的还是他们的五言诗。这些五言作品创作的时间不一定比《古诗十九首》晚，在文学史上的地位应该是旗鼓相当的。另外七子还写了大量的小赋，取材范围要较先前的赋作更加宽广，也因关注社会议题而流露出真切的情感。这些小赋作品调和了汉赋那种专事铺陈而不重内涵的情况。至于七子的散文，在形式上有逐步骈化的趋向，是汉末到西晋散文骈化过程中的一个重要环节。往后骈文得以成熟发展，七子的散文作品功不可没。“七子”与“三曹”是建安作家的主力军，他们对于后代诗、赋、散文的发展，有显著的贡献。

想要用轻松的心情来了解建安文学，李宝均的《曹氏父子和建安文学》是首选；王巍的《建安文学概论》稍微艰涩一点；陶新民的《建安体诗选》是不错的诗作读本；若想看建安散文的话，《昭明文选》中大都查索得到。

竹林七贤的放任逍遥

紧接建安时期而来的魏晋时代，因为政治更加动荡，社会上弥漫着一股崇尚老、庄、道家的思想风潮。一言以蔽之，魏晋的时代精神就是“玄之又玄”。虽说官方仍然尊重儒学，但为了保障朝廷的既得利益，儒学中的礼学被过度滥用成讨伐异己的工具，因而失去文人对它的尊重。儒学的工具性被过度夸大，强调无为的道家思想便受到时人推崇。

魏晋名士要以“竹林七贤”最为有名。七贤成名的时代要较“建安七子”晚一些。因为环境和社会气氛的变化，竹林七贤的思想和生活态度有别于建安七子，他们大都扬弃儒家礼法而推崇老庄，在生活上实践无为、放任而逍遥。在政治上，嵇康、阮籍、刘伶对司马氏均采取不合作的态度；山涛、王戎等则先后投靠司马氏，并且担任高官，进入司马氏政权的核心。在文学创作上，竹林七贤以阮籍、嵇康为领袖，进行质、量均佳的创作。

阮籍的诗作以《咏怀》诗八十二首最为有名，它是中国文学史上第一组抒情组诗。诗文多以比兴、寄托、象征等手法，隐晦地抨击统治集团的罪恶，讽刺虚伪的崇礼之士。其中诗三十三有诗句；“但恐须臾间，魂气随风飘。终身履薄冰，谁知我心焦。”表现出诗人在恐怖政治下的苦闷情绪。散文部分，阮籍的《大人先生传》先写到域中君子认为，士大夫形象就是要站有站相，坐有坐相，花一辈子的力气要达到的人生目标就是：“扬名声于后世，齐功德于往古。”域中君子以这两个标准批评大人先生，认为他的生活根本是自我放逐。然而，大人先生举了几个例子反驳他，历史人物如李牧、伯宗等人虽然扬了名声、齐了功德，却死于非命，这证明世俗的人生目标往往招致祸害。接着大人先生再以“裈中虱子”为例，那靠着裤缝遮蔽来维系生存的虱子，就像自认为言行符合礼法就不会招致杀身之祸的君子，一心以为只要做到什么事，就可以达到什么目的，眼界实在小得可怜。最后大人先生以道家的超然物外，扬弃儒学而倡议自然逍遥。全篇明显可见，阮籍对当世儒学成为朝廷迫害的工具，十分不屑。

嵇康散文作品《与山巨源绝交书》写的是山涛想劝他出仕，而他打死也不肯的理由。一开始他表明自己实在不想当官，接着描述自身性格是“直性狭中，多所不堪”，既无意愿，加上个性有很多缺陷，完全不适合。文章阐明自己的志趣向往老、庄思想。最后甚至大胆公开不愿在司马氏掌权的朝廷里扮演政治傀儡。文章虽然叫“绝交书”，但文末“既以解足下，并以为别”点出嵇康并非真的与山涛绝交，只是某种程度不与他往来，一是怕山涛再来烦自己，二是担心将来会连累山涛。嵇康这种摆明不和司马氏合作的态度，让他在出面帮好友吕安辩护时，被罗织罪名连坐下狱，虽有三千太学生联名俱保，仍然被诛。据说嵇康死前神色自若，向人要了把琴，弹的曲子就是旧时鬼魂所传授给他的《广陵散》，一曲弹毕，从容就死。这中国十大名曲之一的《广陵散》，就此失传。

竹林七贤里的刘伶，文名虽不如阮、嵇，但他的放浪是七贤里数一数二出了名的。刘伶每次出门，除了带一壶酒，就是伴随一名扛着锄头的仆从。每回刘伶总要吩咐仆从说："我死在哪儿，就在哪儿埋了我。"有一天他的妻子实在看不下去，坚决要他戒酒，并把家里所有的酒全都藏了起来。刘伶看到妻子这么认真，便正色对她说："既然要戒酒，就要备好酒肉向神鬼起誓才算。"没想到刘妻把祭鬼神的酒肉准备好后，刘伶又开始大吃大喝了起来，还唱道："天生刘伶，以酒为名。一饮一斛，五斗解酲。妇人之言，慎不可听。"气煞他老婆。除了嗜酒，刘伶的行径也很是怪诞。他常全身赤裸地在家里晃来晃去，就算朋友来也是这样。有一回朋友讥笑他，他竟回答道："我将天地看成我的屋子，而这草房是我的内裤，你自己跑到我的内裤里来，笑我干吗咧！"追求旷达却行为放荡，刘伶的言行真让人无话可说。

刘伶著有《酒德颂》，大大宣扬酒的好处，在某种程度上也解释了这时期的文人为何选择醉酒来避祸。另外向秀的《思旧赋》列举了几个历史人物，有因为追逐名利而亡身的，有顾全气节而殒命的。赋中借由这些人物的命运结局，凸显人生的无常。上述诗歌文章，都是值得一读的作品。

想多知道竹林七贤的言论行止，南朝宋人刘义庆的《世说新语》有不少生动的记录。历来对七贤的文学作品进行综合研究的书就不多。关于竹林七贤的研究，多半把重心集中在他们的义理思想，金镇永、吕凯的《竹林七贤及其自然与名教之研究》就是一例，这类著作对理解七贤的创作理念应该有所帮助。

西晋末，在士族清谈玄理的风气之下，诞生了玄言诗。东晋玄佛合流，更加速它的发展，玄言诗在东晋诗坛流行了百年之久，郭璞的《游仙诗》就是代表作。南朝宋初，诗的创作由玄言转向山水，诗坛上的大文豪谢灵运是第一大功臣。山水诗扩大了诗歌题材，丰富了诗的表现技巧，是诗史上的一大跃进。不过山水诗的创作是站在一个抽离读者群的角度去赏山观水，虽有美感，但并不切实。和谢灵运同时的鲍照，走的则是古诗遒丽质朴的路子，代表作《拟行路难》十八首影响了后世的七言歌行。

东晋南朝宋易代之际，出现了一位伟大的诗人陶渊明。他是晋朝名将陶侃（成语"陶侃搬砖"的男主角）的曾孙，过着一般农家的简单生活。陶渊明在日常耕读生活中感受田园生活的平淡与诗意，并以此为题材创作诗文。诗的部分，他所开创的田园诗风，除了有汉魏古朴的味道，也融合了"大自然"与道家的"自然而然"，从这部分来看，他是魏晋南北朝时期诗坛上成就最高的人。

散文的部分，陶渊明的《五柳先生传》《归去来辞》《桃花源记》都是脍炙人口的名篇。《五柳先生传》是他用第三人称给自己立的传，传中提到自己是如何的甘于平淡生活，全文以“不戚戚于贫贱，不汲汲于富贵”做总结；《归去来辞》描述他曾经为了生活，不得不出仕，没想到个性实在过不惯那种迷失本性的生活，最后还是返回家去，农家的日子看似贫苦，他却乐在其中；《桃花源记》通过一座虚拟的山洞，通向一个人人向往但不一定存在的“桃花源”，陶渊明用这个仙境表达他对自由生活的渴望。

由于南北朝的政体多半短命，文人倾向及时行乐，造成今宵有酒今宵醉的颓废，之后的文学反倒流于追求艺术形式的华美了。

其他魏晋时期的著名诗人

时代	文人	作品特色	名著
西晋元康年间	左思	辞藻壮丽	《咏史诗》（其《三都赋》传抄不绝，洛阳为之纸贵）
西晋永嘉年间	刘琨	雅壮多风	《重赠卢谌》
西晋—东晋	郭璞	玄言彪炳	《游仙诗》

魏晋时期的著名散文作品

时代	作者	篇名	作品特色
魏晋之际（建安、正始）	阮籍	《大人先生传》	语重意奇，言人所未言
	嵇康	《养生论》《声无哀乐论》	分析名理与儒礼，指出名理高于儒礼
	诸葛亮	《出师表》	言辞诚切，志真文实
	李密	《陈情表》	笔调哀婉，感人肺腑
西晋（太康、永嘉）	陆机	《吊魏武帝文》	理情相融，为骈文奠基
	张华	《博物志》	自然直接，不烦雕饰
东晋（义熙）	王羲之	《兰亭集序》	由叙事到写景，用咏物以抒情
	陶渊明	《归去来辞并序》《桃花源记》《五柳先生传》	真率自然，清明直接

说人道鬼话志怪

魏晋六朝时期，除了那些谈论哲理的文章之外，流行于散文领域的还有一种特殊的文体——小说。这时期的小说和后来的小说概念不同，一来六朝小说篇幅多半不长，二来几乎没有灵活切换第一、二、三或全知叙事人称的写法。但就情节的完整性而言，六朝小说算是具备了这项基本条件。六朝小说的创作题材主要集中在“志怪”（记录怪异之事）或“志人”（记录言行奇异之人）。

六朝志怪小说的出现，从文学发展来看，一方面是先秦以来的散文写作技巧发展到一定程度，另一方面是当时流行神仙思想和玄学风潮，配合上神话、传说、寓言等灵感来源，志怪小说很自然就诞生了。就社会背景而言，六朝连年战乱，人民为了抒发生活压力，会去想象些神鬼故事，好发泄对现实的不满，各种不同题材、宗教、政治立场的志怪小说便纷纷出笼。

奇幻故事不恐怖——志怪小说

志怪小说的起源很早，有炫耀地理博物琐闻的，如汉代东方朔的《神异经》，或是历史传闻，如托名班固的《汉武故事》，都可算是志怪小说的滥觞。但严格来说，能视作志怪小说成熟作品的，就属东晋人干宝的《搜神记》。

干宝是两晋之际的史学名家，还著有《晋纪》，时称良史。在《搜神记》的序中，他说自己写作此书是为了“发明神道之不诬”——想要证明真的有鬼神。《搜神记》大部分内容只是简略记录各种神仙、方术、灵异等事迹，但其中也有一些故事情节比较完整的，例如知名的《东海孝妇》《韩凭夫妇》《干将莫邪》等，影响了后代文学。

《东海孝妇》叙述一名孝妇很用心地侍奉婆婆，但婆婆身子太差，不愿拖累媳妇而自缢。怎知小姑以为孝妇图谋财产而告官。官员糊涂，竟然信了孝妇小姑的话，把孝妇判了死刑。行刑前孝妇为了表示清白，向天咒誓，若上天能证明她的清白，斩首之后喷出来的血会一滴不剩地爬上刑场边的幡旗上，死后三年郡中都不会降雨。没想到行刑后，孝妇的血真的流向幡旗，三年内郡中没下一滴雨。这则故事后来被元人关汉卿所取材，写成著名的《窦娥冤》剧本。

《韩凭夫妇》写宋康王见韩凭妻子何氏非常美丽，想要占为己有，而把韩凭拉去做城旦（守城的隶卒）。何氏找到机会写了封信给韩凭，表达殉情之意，韩凭看了信就先自杀了。之后，宋康王便小心翼翼地防范何氏会想不开，没想到何氏偷偷用醋把身上的绸缎料子腐蚀，再趁着和宋康王登上高楼时跳下。宋康王为了防备何氏跳楼，早安排了卫士去拉住何氏，但因她身上的衣服已遭腐蚀，脆弱不堪，拉也拉不住，让何氏终于了了心愿。宋康王这还不甘心，故意把何氏葬在离韩凭有一段距离的地方，没想到二人墓中长出大树，土下的根相交结，天上的树枝相交错，树上还飞来一对鸳鸯。这故事的精华后来成为白居易《长恨歌》中名句“在天愿作比翼鸟，在地愿为连理枝”的典故来源。

《干将莫邪》叙述干将、莫邪为楚王铸剑，三年才铸成。干将因为拖延期限之故而被杀。他深知楚王一定不会善罢甘休，所以只交出干将剑，而将莫邪剑交给妻子妥善藏好。干将的儿子赤比长大后为了报仇，将莫邪剑连同自己的人头托付义士送交楚王。楚王看到赤比的人头仍不愿善罢甘休，又弄了一个锅子，想把赤比的人头煮个稀烂。义士等楚王探头观看赤比受烹的头颅时，立即抽剑砍断楚王头，为赤比报了父仇。

从以上摘录的梗概可看出，《搜神记》的故事在运用角色、安排情节上已经很有小说的味道。《搜神记》之后，南朝宋人刘义庆的《幽明录》也是魏晋志怪小说的代表作。其中较为有名的是《卖胡粉女子》，写一个富家子爱慕卖胡粉女子，不料富家子突然暴毙，家人以为是胡粉女所害。在冥界的富家子生怕胡粉女受苦，为爱死而复生。除了《搜神记》和《幽明录》，还有托名陶渊明所作的《搜神后记》、十六国时代王嘉的《拾遗记》、南朝梁人吴均的《续齐谐记》，都算此时期水平比较高的志怪小说。

某种程度来说，后代的唐传奇承袭了志怪小说的基础，许多唐传奇的作者受到志怪小说的影响，写出了驰骋想象的精彩故事。在整个文学史上，志怪小说始终没有消失，这大概是因为文人可以利用志怪的形式，在奇幻故事中实现内心遥不可及的愿望吧！

记述名人逸事——志人小说

魏晋南北朝时期，文人名士为了避祸，谈论的都是一些不着边际的事，加上当时品评人物的风气非常盛行，所以记述名人逸事的“志人小说”也跟着流行起来。志人小说搜罗的是过去和当时文人名士的言语、行为、风尚和逸闻遗事。若要往上追溯，东汉人邯郸淳的《笑林》可算是早期的志人作品。六朝时期，东晋人裴启的《语林》、南朝宋人刘义庆的《世说新语》和南朝梁人沈约的《俗说》，成就不凡，其中又以《世说新语》最为有名。

刘义庆是刘宋宗室，袭封临川王。他虽然是贵族，却淡泊名利，喜欢文史。也因为这层缘故，不少文人名士都聚集在他门下。刘义庆编有《幽明录》《宣验记》等，可惜都已散佚，现在传世的只有《世说新语》。刘义庆的后人刘孝标曾为此书作注，保留了不少可贵的资料。

依照当时文人名士的言行特色，《世说新语》将他们归类为德行（记品德高尚的人）、言语（记口舌伶俐的人）、政事（记有政治手腕的人）、文学（记有创作天分的人）等三十六门。每门搜集若干名人逸事，大概写了一千多则，长的有上千字，短的只有几句话，文字都非常简洁。

以第二门《言语》为例，其中提到晋武帝的臣子满奋怕冷，到了皇宫，看到琉璃窗透光，就开始发抖。武帝问他为何如此，满奋说："就像吴地怕热的牛看到月亮以为是太阳而喘气一样，我看到窗户透光就以为会透风而发抖。"这就是成语"吴牛喘月"的典故。第二十七门《假谲》中，描述曹操在夏日缺水的情况下急行军，他欺骗口渴至极的军士前方有梅林可解渴，硬是让军队撑到了目的地。这成了后世常见的成语"望梅止渴"。《世说新语》中类似流传很广的故事不胜枚举。

《世说新语》三十六门的内容虽然看起来只是零星片段，但因它记述了东汉末年到两晋时期士人的生活和思想，反映出当时的社会风貌，为后世留下珍贵的学术史料。尤其是字里行间善用各种修辞技巧，精准而巧妙地糅合人物的语言和情态，让所描绘的人物生动活泼，跃然纸上，对后来的传记体小说影响很大。

四、南清新，北质朴
——清旖并呈的六朝文学

西晋灭亡以后，中国南方东晋、宋、齐、梁、陈五个朝代更迭，北方则十六国代起，南北朝文学便是在这样一个南北分裂、战乱频仍、朝代不断更替的环境下开展。南北的自然环境本就不大相同，加上政治对峙和文化发展的不平衡，南北朝的文学也呈现不一样的风景，大体来说南方清新，北方质朴。由于南北朝也有像汉代一样的乐府单位，它所采集的民歌作品，是这个时期文学的重要代表。

南朝乐府民歌大部分是清商曲辞（北宋郭茂倩《乐府诗集》的分类，因“商声”调性凄清悲凉，所以称之“清商”），其中以“吴声歌曲”（收入吴——江浙一带民歌）和“西曲歌”（收入相对于东吴之西——长江流域一带民歌）最为重要。“吴声歌曲”以《子夜歌》最著名，套用《子夜歌》曲的作品描述的几乎都是少女的热恋情怀。虽然歌词朴素，但通篇使用许多双关语，例如“理丝入残机，何悟不成匹”里的“丝”字双关指涉“思念”的“思”字；“果得一莲时，流离婴辛苦”里的“莲”字双关指涉“可怜”的“怜”字。诸如种种，往往是既委婉又热情而生动，充满着天真活泼的情趣。

“西曲歌”中的重要歌曲有《三洲歌》《石城乐》《孟珠》《估客乐》《乌夜啼》《莫愁乐》《襄阳乐》等，用这些曲谱的词，写的就不是少女的热恋而是分离的别情了。会有这样的作品出现，是因为长江中、下游地区的城市很多因为水陆交通而发达起来。来往的商人多，在这儿藏情妇、安置妻小的也多。客商来往，自然经常与另一半离别远行，所以以送别作为题材的作品纷呈。

北朝的乐曲，以“横吹曲”（“横吹”及竖笛，为北方常用乐器，以横吹伴奏的民歌称之）中的《梁鼓角横吹曲》流传最广，后来还被南朝梁的乐府采用来进行演唱。由于北方的生活较困苦，老百姓没把太多心思放在歌艺创作上，所以作品较少。但北朝的乐府民歌，正因为它的质朴，广泛反映出当时北方社会的各个面向，譬如游牧民族特有的刚强爽直情趣。以《敕勒歌》为例：“敕勒川，阴山下。天似穹庐，笼盖四野。天苍苍，野茫茫，风吹草低见牛羊。”诗文自然呈现出北方大草原那种天大地大的空间感，仿佛就在眼前。而描述游子飘零情怀的则有《陇头歌》，其中“朝发欣城，暮宿陇头。寒不能语，舌卷入喉。陇头流水，鸣声幽咽。遥望秦川，心肝断绝”把游子孤独承受流亡生活的情绪写得丝丝入扣，让人感同身受。

值得一提的是北朝乐府民歌代表作——《木兰诗》。诗中塑造了一位为尽孝而投身军旅的“英雌”花木兰。在那个时代，女子没有做英雄豪杰的权利，而木兰却真的成为一名战争英雄。这个故事非常难能可贵，一来可以看出北朝对女子采取较为宽松的态度，二来这首作品直接挑战封建社会重男轻女的思想，发人深省。

南北朝乐府民歌成为五言、七言绝句抒情小诗很好的示范。它清新的风格多少调和了当时重视文学形式和格律的文风；大量使用口语化的词句，也刺激了后代诗人在语言使用上的觉醒。整体而言，南北朝民歌给诗坛吹来一股新鲜清爽的气息。

不过，相对于南北朝老百姓引吭高唱清新质朴的诗歌，在朝廷中却流行起一种旖旎猥亵的风格。自梁朝开始，宫廷兴起了“宫体诗”，它是指以南朝梁简文帝在太子时期的东宫，以及陈后主、隋炀帝、唐太宗几个以宫廷为发展中心的诗歌，同时也指描写宫廷生活的诗体。由于创作者大多接近权力核心，生活条件优渥，每日的重心不外乎享乐，所以很多宫体诗都以描写宫廷生活和男女私情为主题，在诗的形式上极力追求辞藻的华丽与多用典故。在这方面，唐代的李贺和李商隐的诗作，显然就学习了部分“宫体诗”的写法。后来一些内容浓艳却未必由达官贵族所写的诗也称为宫体诗。

南朝官方有宫体诗压阵，民间有吴歌西曲，阵容庞大。不过北朝文坛也不冷清，除了民歌，散文方面，北魏郦道元《水经注》、北魏杨衒之《洛阳伽蓝记》和北齐颜之推《颜氏家训》都是很有名的作品。

文学创作之外，南北朝的文学批评也达到了一个高峰，代表作品是南朝梁人刘勰的《文心雕龙》。《文心雕龙》是中国第一部系统文艺理论巨著，也是第一部体例完善的文学批评著作。全书分为文学总论、文体论、创作论、批评论和总序五个部分。总论讲的是文学的定义和意义；文体论分析各种文体；创作论讨论创作过程、写作技巧、作家风格、文质关联、文辞声律等；批评论从不同角度出发，对过去的文风及作家提出批评，再回头探讨批评方法；总序说明刘勰自己的创作目的和全书各章的安排用意。虽然《文心雕龙》用的是和现代人比较有距离感的骈文写成的，但它在中国文学批评史上的卓越地位，值得对文学批评理论有兴趣的人深入阅读。

想对南北朝的文学有一番全面的理解，戴燕的《魏晋南北朝文学史研究入门》是很好的初学手册；赵玉萍的《魏晋南北朝文学发展研究》着重于通过文学理论来了解南北朝的文学作品，对个别作品也有很好的解说。

南北朝重要诗体

诗体名	时代	作者群	风格
元嘉体	南朝·宋文帝元嘉年间	谢灵运、颜延之、鲍照	注重山川景物的描绘，讲究华丽辞藻和对仗工整
永明体	南朝·齐武帝永明年间	竟陵八友：沈约、谢朓、王融、任昉、陆倕、范云、萧琛、萧衍	注意声律和对仗，初具格律雏形
宫体	南朝·梁到陈	萧纲、萧绎、徐摛、庾肩吾、徐陵、陈后主叔宝	更趋格律化，轻艳柔弱

五、诗词盛，古文兴
——百花齐放的唐宋文学

在中国文学史上，南北朝是一个酝酿着创新改变的时期。这种新变有以下几个特点：第一是文人终于觉得文学不只是娱乐而已，他们确知自己是在进行文学创作与文学批评。第二是玄学和佛教的传入揭示了文学创作的新方向。第三是语言形式的美及这种美的重现方式，得到文人的整理归纳与运用。隋朝统一中国后，南北文化的交流继续扩大深入，唐初的政体在文学上采取不干预不介入的措施，也让这文化交流的果实逐渐成熟。到了盛唐，终于推出另一个文学的新波峰，这波峰更涌进两宋，成就了古典文学中的格律诗、古文双璧。

翩翩公子——唐诗

唐代文学在散文、小说、诗歌各方面都达到高峰，并取得重要的成就。除了前朝累积的文化条件，唐初几个皇帝采取休养生息的政策，经济恢复生机，为唐文学的发展提供了物质基础；而唐朝出身于北方少数民族，他们对汉朝以来的儒家文化有不同的理解，思想上的包袱要少很多，这也让唐代文学的发展有更广阔的空间。

唐代文学要以诗最为代表。唐代主要流行的是格律诗，它和古体诗不同，字数和押韵都有严格的限制。一句五个字的叫五言，七个字的叫七言；四句一首叫绝句，八句一首叫律诗，再长一点就叫排律。因为格律诗在唐代才流行起来，相对于古体诗，它也称作“近体诗”。近体诗在唐代所取得的成就，说它是东方文明璀璨的明珠，一点也不为过。不过唐代诗歌的成就并非从天上掉下来，在百花齐放的盛唐之前，唐诗也经过一段酝酿的时期。

初唐诗歌是唐诗繁荣的准备期，虽然唐初还承继着六朝柔弱的诗风，不过其中已经有诗人开始觉醒了。在初唐诗坛里走出自己的路的，要以“初唐四杰”——王勃、杨炯、卢照邻、骆宾王为代表。他们写的不是那种儿女情长或百无聊赖、打发时间的作品，在诗里面，他们抒发心中的不平和志向。例如杨炯《从军行》最后两句：“宁为百夫长，胜作一书生。”是何等的激扬豪迈！四杰的作品在唐初诗坛掀起一波新风潮。稍后继“四杰”而起的陈子昂，主张“汉魏风骨”，其《登幽州台歌》中“念天地之悠悠，独怆然而涕下”两句，怀古而伤今，千古传唱。

有了四杰和陈子昂的铺路，唐诗到了“开元盛世”就开始狂飙了起来。大量优秀诗人的出现、各种题材的创作，盛唐的诗坛热闹非凡。这时期的创作主要以边塞和田园主题为大宗。田园山水诗人最有名的就是“诗佛”王维。王维的田园诗写得好，主要是因为他将佛家思想的空灵与田园山水的闲适巧妙地结合在一起。以他的《渭川田家》为例：“斜光照墟落，穷巷牛羊归。野老念牧童，倚杖候荆扉。雉雊麦苗秀，蚕眠桑叶稀。田夫荷锄至，相见语依依。即此羡闲逸，怅然吟《式微》。”文句并不华美，也没刻意雕饰之处，但闲淡清新的味道让人低回不已，所呈现出来的意象也好似就在眼前，苏东坡评他“诗中有画，画中有诗”是没错的。

另外与王维齐名的自然诗人是孟浩然。唐玄宗本是爱才之人，但在听到他的诗作《岁暮归南山》里有句“不才明主弃”，便老大不高兴，认为是孟浩然自己不求官，关皇帝什么事？后来他始终没官做，据说就是这个缘故。孟浩然的《过故人庄》：“故人具鸡黍，邀我至田家。绿树村边合，青山郭外斜。开轩面场圃，把酒话桑麻。待到重阳日，还来就菊花。”诗中充满农家闲适的气氛，流传最广。

在唐代，文人的足迹遍布边塞，有的是投笔从戎，有的是纯粹观光。这些作品或叙说边塞风情，或抒发边城将士的苦闷。代表作家有高适、岑参、王昌龄等人。王昌龄的《出塞》：“秦时明月汉时关，万里长征人未还。但使龙城飞将在，不教胡马度阴山。”揭露了战争带来的生离死别和为了忠君爱国所做的自我牺牲，是此派的代表作。

盛唐诗坛中，作品数量极大、成就极高的应该是合称“李杜”的李白和杜甫。李白家里富裕，做的是国际贸易的生意，年轻时不曾为经济所苦，到处游山玩水，还兼以行侠仗义。身为理想家的李白，热血时期所追寻的是儒家功成名就的人生价值。他曾接近唐朝的权力核心，但因为宦臣高力士的擅权，加上个性与官场文化相抵触，最终不得不默默离开京师。想为国家做点什么的他，在现实生活中遭到挫折，思想开始从道家找寻出口。李白心里纠缠不清的虽是儒道思维，但行为上他也没忘记要当个仗义的墨家游侠。或许这是因为他的淑世抱负无法在世俗（官场、礼仪）的体系里去完成，只好在体系外用点不违心的手段来满足。综合起来看，李白是复杂的。

为什么贺知章称李白是“天上谪仙人”？这是因为李白擅于使用古体诗，灵活运用想象、夸张、拟人、比喻等修辞手法，营造出飘逸若仙的韵致。为什么后人给他一个称号叫“诗侠”？这是因为李白大胆在诗作中抨击政治，打抱不平，诗写得豪迈奔放，封他个“侠”字恰如其分。李白的诗歌影响后代极为深远，如中唐的韩愈、孟郊、李贺，宋代的苏轼、陆游、辛弃疾，明清的高启、杨慎、龚自珍等人，都曾在李白浪漫的诗歌作品里去寻找自己。

除了李白，另一颗盛唐诗坛中的明珠是杜甫。杜甫出自书香世家，祖父杜审言本身就是初唐的著名诗人。杜甫青年时期正值“开元盛世”，他花了很多时间漫游全中国。没想到中年遇上安史之乱，生活开始颠沛流离。不过也正是安史之乱带来的冲击，成就了杜甫的社会写实诗。安史之乱对现实的杜甫是不幸，但对文学的杜甫而言却是一种讽刺的幸运。

因为杜甫的诗真实地写下烽火中唐王朝的苦难，所以后人称他的诗为“诗史”。也因为他在诗中不留情地批评唐朝的腐败，并描述黎民百姓的不幸，所以大家也称他“诗圣”。

杜甫的著名作品有“三吏”——《新安吏》《石壕吏》《潼关吏》和“三别”——《新婚别》《无家别》《垂老别》。其中《新安吏》《石壕吏》《新婚别》《无家别》《垂老别》写官府强行征兵导致良田荒废、妻离子散的苦境，连应该安享晚年的老人家都不能幸免；《石壕吏》则是借作者与石壕吏的对话，检讨将领无能所带来的灾难。“三吏”“三别”字字血泪，令人动容。

杜甫的诗作彰显了古代读书人的良心，他选择和黎民百姓站在同一阵线，为他们请命，在这方面杜甫树立了典型——文学不只是一种娱乐和情感抒发，它也可以议论，可以为社会与老百姓效力。

唐代中后期，攀过了国力的巅峰，在政治上显露疲态。之后诗坛陆续出现主张求奇避俗的韩愈、孟郊二人组（韩孟诗派），驰骋不可思议想象力的李贺（诗鬼），关心社会议题的张籍、元稹、白居易（与元稹合称“元白”）、刘禹锡（与白居易合称“刘白”），专注历史教训的杜牧（为与“老杜”杜甫有所区别而被称为“小杜”），剪接意识流来写诗的李商隐（与温庭筠合称“温李”）等，这些诗人在诗歌创作上都有很高的成就。

尤其值得一提的是中唐时代成就最高的诗人白居易。白居易主张“文章合为时而著，歌诗合为事而作”（《与元九书》），他认为文学创作不能脱离现实，一定要因特别的目的或事件而为，这样才能发挥作品的价值和社会意义。以白居易的《代卖薪女赠诸妓》为例：“乱蓬为鬓布为巾，晓踏寒山自负薪。一种钱塘江上女，着红骑马是何人？”诗文对比同是钱塘江畔的女子，有人能穿红戴绿、骑马坐轿，过着舒适日子，为何有人却要上山采薪？然而问题的内面探讨的是一个更深入但残忍的事实：“着红骑马”的妓女过的是另一种被剥削的辛酸日子。白居易的著名诗作还有长篇叙事诗《长恨歌》和《琵琶行》，前者写唐玄宗李隆基和杨玉环的爱情故事，后者写一名乐妓的悲苦遭遇，都写得凄楚感切，流传不绝。

唐代诗歌，无论就其作者数量、题材种类，还是艺术手段、影响的程度来说，都是空前的。唐诗文本的集子或赏析著作非常多，最早的是清人蘅塘退士孙洙搜集朗朗上口的唐诗作品的集子《唐诗三百首》，流传很广。其他容易取得的有吴兆基的《唐诗三百首：插图、赏析、注释、译意》、赵乃增的《好风如水：唐诗赏析》、赵敏修的《唐诗赏析》等。若要观察唐代社会和唐诗的关系，陈钟琇《唐代和诗研究》论文可以参考。

唐代著名诗人特称

<table>
<tr><th>特称</th><th>诗人</th><th>原因</th></tr>
<tr><td>诗仙</td><td rowspan="2">李白</td><td>诗作给人一种飘逸如仙的感觉</td></tr>
<tr><td>诗侠</td><td>因人格带有剑侠的豪气，诗作亦有侠气</td></tr>
<tr><td>诗史</td><td rowspan="2">杜甫</td><td>作品反映历史真实</td></tr>
<tr><td>诗圣</td><td>作品表达悲天悯人的情操和爱国气节</td></tr>
<tr><td>诗佛</td><td>王维</td><td>晚年信佛，诗中带有禅理</td></tr>
<tr><td>诗豪</td><td>刘禹锡</td><td>诗作气势豪迈，笔力雄健</td></tr>
<tr><td>诗鬼</td><td>李贺</td><td>诗作以鬼怪为题材，运用常人所不能及的形容比喻</td></tr>
<tr><td>诗家夫子（亦作诗天子）</td><td>王昌龄</td><td>以擅长七绝而名重一时</td></tr>
</table>

重要唐代诗人及流派

<table>
<tr><th>唐诗流派</th><th>时期</th><th>代表作家</th><th>诗风</th></tr>
<tr><td>边塞诗派</td><td>盛唐</td><td>高适、岑参</td><td>壮阔苍凉，激昂慷慨</td></tr>
<tr><td rowspan="2">山水田园派</td><td>盛唐</td><td>王维、孟浩然</td><td>闲适退隐，意境深幽</td></tr>
<tr><td>中唐</td><td>韦应物、柳宗元、大历十才子</td><td>高雅闲淡，自成一家</td></tr>
<tr><td rowspan="3">社会（写实）派</td><td>盛唐</td><td>杜甫</td><td>揭露黑暗，经世济民</td></tr>
<tr><td>中唐</td><td>白居易、元稹、张籍</td><td>批评时政，描写细致</td></tr>
<tr><td>晚唐</td><td>皮日休、聂夷中、陆龟蒙、杜荀鹤</td><td>面对人生，批判现实</td></tr>
<tr><td>浪漫派</td><td>盛唐</td><td>李白</td><td>自由解放，讴歌情感</td></tr>
</table>

续表

唐诗流派	时期	代表作家	诗风
奇险派	中唐	韩愈、孟郊、李贺、贾岛	标新立异，精思独造
隐晦派	晚唐	李商隐	剪裁意识，难以诠解
香奁体	晚唐	韩偓	绮丽纤巧，情欲绵绵

花花阔少——宋词

五代十国后，赵宋取得天下，实施强干弱枝、崇文抑武的政策，文人得到政府充分的重视。同时民间手工业及各式经济活动非常频繁，对外贸易也与唐朝相去不远。除了政治上外族不断袭扰，宋代的各项客观条件并不差。

为了巩固中央集权，避免重蹈五代朝代更迭的亡国路，宋代皇帝的治国方针就是“重文轻武”，削弱武将的实力。“重文”除了在制度上大幅提高文官和读书人的地位外，就是大举鼓励文艺创作。在没有太多传统包袱的情况之下，词便在宋代找到最适宜的环境，快速地发展起来。

词最初流行于唐朝的民间，中唐时期的著名诗人如韦应物、白居易、刘禹锡等都有词的作品。五代以李煜、冯延巳为主的南唐词人，作品在格律和风格上都为词打下基础。后蜀人赵崇祚的《花间集》，便专门收入那些极尽艳丽浮华的词作。这些词作调性与晚唐词人温庭筠（与韦庄合称“温韦”）相同，温庭筠因而被追称为“花间鼻祖”，而提倡这派艳丽浮华词风的词人就归入“花间派”。

词流行在唐诗之后，所以叫“诗余”。因为词是配合乐曲而唱的歌词，是前代乐府民歌的一种变易，各句长短不一，所以又称“曲子词”“乐府”“乐章”“长短句”“琴趣”等。五代十国时期，词的体式不再漂浮，风格也定下了，词终于在诗之外别树一帜，成为中国古代最为突出的文学体裁之一。进入宋朝，词的形式慢慢固定。举例来说，依据长度来看，五十八字以内的叫“小令”，五十九至九十字的叫“中调”，九十一字以上就叫“长调”。什么主题可以选用什么曲风的词牌（用来填词用的曲调）也逐渐有了定式，例如抒情主题的或用《蝶恋花》，感叹时不遇的或用《水龙吟》。不过词全面而完整的体制并不是一步就到位，具备形形色色风格和题材的各式词作也没有一下子就纷然呈现，而是在历史的长河中慢慢累积演变而来。宋词大幅度的发展和变化，主要集中在北宋。而南宋的词则是就北宋的基础再予以精致化或变形。

北宋初期的词坛，主要流行的是小令，著名词人晏殊、晏几道和欧阳修也沿袭南唐余风。从温庭筠、韦庄、《花间集》、大小晏，乃至欧阳修一派，被称作“婉约词派”。到宋仁宗时期，宋词勃兴，张先、柳永开始创作许多慢词长调。张先词作中有三名句：“云破月来花弄影”（《天仙子》）、“娇柔懒起，帘幕卷花影”（《归朝欢》）、“柔柳摇摇，坠轻絮无影”（《剪牡丹》），因为意象描写细腻，口碑不错，而得到“张三影”的称号。柳永则是仕途不遂，只好潜身歌楼，填词谋生。据说他死时身无长物，还是歌妓筹钱给他下葬的。虽然柳永生活苦闷，但他的词作专心致力于浅白近人，“凡有井水饮处，即能歌柳词。”（南宋叶梦得《避暑录话》）还把词的描写范围由士大夫的享乐转向都市多元的生活面貌，开拓了宋词的眼界。

到了北宋中期，大文豪苏轼大胆将诗的写法引进词中，此举让词成为一种可以表现多方内容的新韵文。词的自由度增加了，情感的成分也更浓了。北宋后期的周邦彦则是词坛集大成者。周邦彦精通乐理，重视词律，他的《清真集》风行一时，其主张盛行于后世词坛而不衰。

南北宋之间还有一位中国闻名的女词人李清照。她是少数能在文学史上留名的女性文学家。李清照上承南唐以来的婉约词风，和其夫赵明诚相酬唱的作品里充满旖旎风味。但北宋沦陷，夫妻南下避难，生活困顿。后来赵明诚不幸病死，李清照的作品风格转为凄清。例如《声声慢》里的“寻寻觅觅，冷冷清清，凄凄惨惨戚戚”、《醉花阴》中的“莫道不消魂，帘卷西风，人比黄花瘦”都是描写孤苦、流传很广的名句。

北宋时期的演变和突破，为词在南宋的多元发展奠定了良好基础。南宋前期主导词坛的是辛弃疾。辛弃疾是位亦文亦武的词人，出生时北方已被金人所占，金主完颜亮南侵时，辛弃疾曾聚众参加义军。之后南渡归宋，当时年仅二十三岁。创作量丰富，内容多以军事与爱国为主题。他继承了苏轼开创的豪放词风，并把“以诗为词”进一步发展到“以文为词”的境界，后世常以“苏辛”并称。仿效这派豪放风格的词家有张孝祥、韩元吉、陆游、陈亮、刘过、刘克庄等人，称作“辛派”（豪放派）词人，其中以陆游最能发挥豪放派的精神。

陆游字务观，号放翁，后人都叫他陆放翁，他是能文能武的读书人，一生主张北伐，却被当权派打压，因此心里十分郁闷。发而为词，常可见到那种“但悲不见九州同”（看不到国家统一）的痛苦和遗憾。

到了宋末元初，别立一宗的词家是姜夔。姜夔上承周邦彦，是格律派的代表词人。当时与稍后在词坛上较有影响力的，如吴文英、史达祖、周密、张炎、王沂孙等，都属格律派，重视的是词的辞藻和格律之美，走的是和辛派词人相反的道路。不过宋亡国之后，格律派反倒在作品当中发出遗民的叹息，作品带有亡国恨，对格律的雕琢成分就要少了。

晚唐五代的词，风格大多旖旎，宋朝词人虽然没完全离开这个氛围，但不论是男女小爱还是家国大爱，他们均创造出更有抒情意味的词作。宋词经过苏、辛等人的努力，主题范围也达到了与唐诗同样开阔的程度，咏物词、咏史词、田园词、爱情词、赠答词、送别词、谐谑词，各式题材应有尽有。风格的表现，同时存在豪迈与婉约、清新与浓艳的极端，不管题材或风格，在宋词的多方尝试后，后来的韵文已经少有能出其右的了。

由于宋词和唐诗一直拥有广大的读者群，所以有许多相关的赏析专著可供选择，例如林郁的《唐宋词百首赏析》、沈祖棻的《宋词赏析》等都很容易购得。若想对词的形成和演变有进一步的认识，陈文华等《两宋“词人词”雅化的发展与嬗变研究》或徐安琪《唐五代北宋词学思想史论》都是不错的选择。

南北宋词简易发展过程表

时期	特色	代表作家
北宋		
第一期	宋初以继承《花间词》风格为主——婉约词	晏殊、欧阳修
第二期	发展慢词	张先、柳永
第三期	豪放词产生	苏轼
第四期	格律词奠定	周邦彦

续表

时期	特色	代表作家
南宋		
第一期	婉约词复萌	李清照
第二期	豪放词兴盛	辛弃疾、张孝祥、韩元吉、陆游、陈亮、刘过、刘克庄等
第三期	格律词复辟	姜夔、史达祖、吴文英
第四期	遗民词产生	文天祥、刘辰翁、周密、张炎、王沂孙

古文运动、唐传奇与宋话本

“文以明道”加强版——唐宋古文运动

“古文”指的是继承先秦两汉文章创作传统的散文。这个概念是唐代韩愈提出来的。他认为六朝以来文章流行讲求声律和辞藻，对文学的创作来说并不健康，所以他发起了一项试图改变文坛只重形式不重内容的文学改革。这个改革运动就叫作“古文运动”。

古文运动横跨的时间很长，自从韩愈高举古文运动的旗帜之后，他的文友柳宗元等人曾起而响应（柳主张“文者以明道”，见《答韦中立论师道书》）。不过随着唐朝国力的衰微，这个文学运动没落了一阵子。直到宋代的欧阳修起而承继韩愈的主张，并带领一群有才华的文人队伍——王安石、曾巩、苏洵、苏轼、苏辙等，以韩、柳的文学想法为基调，进行了大量实践理念的创作，古文运动才修得正果，而这八人也被后世称作“唐宋八大家”。

韩愈和柳宗元是唐代古文运动的代表，并称“韩柳”。韩愈强调儒家的仁义和道统，曾写《谏迎佛骨表》来谏阻唐宪宗迎佛骨，他希望朝廷不要过度迷信，并能尊儒。韩愈认为文章要有圣贤的精神和疏世理想，他的《原道》和《师说》旨在端正儒家之道，攻击当时盛行的佛老思想，强调儒家“尊师重道”的精神。相较于韩愈，柳宗元倒是不严格坚持文以明道，可能是柳宗元在儒家之外，也钻研佛、道典籍的原因。他的《永州八记》是记游文学的典范，系列寓言如讽刺浪得虚名官员的《蝜蝂传》、抨击苛税重赋的《捕蛇者说》，都是脍炙人口的名篇。虽然柳宗元和韩愈的生命情调不同，但柳宗元也认为文章要有端正的内容，创作的过程应严谨，这两点想法和韩愈的主张是相呼应的。

中唐古文运动，虽然盛行一段时间，但可惜后继无人。一直到北宋欧阳修出来登高一呼，古文运动才开花结果。欧阳修凭借他的政治地位，大力提倡古文。担任科举主考官时，也特地录取古文写得好的人，此举带动士子间相竞写作古文的风潮。

据说苏轼和欧阳修的学生曾巩同年应试，那年担任主考官的欧阳修改到第一名的考卷时，赞叹不已，怕是自己学生的文章，为了避嫌，硬是把考卷改成第二名。没想到揭榜后，反倒阴错阳差地把原本第二名的曾巩改成第一名了。面对排名从第一退步到第二、但着实有文才的苏轼，欧阳修只好尴尬地说："吾当避此人出一头地。"用白话讲，就是"这个人文才好到我都要倒退三步让贤"的意思。

欧阳修所欣赏的同辈如苏洵，学生辈苏轼、苏辙、王安石、曾巩等人的作品都能呼应他的古文主张，如尊崇传统儒家之道，不赞成"务高言而鲜事实"（只会唱高调，却很少着眼于事实现况，见欧阳修《与张秀才第二书》），并认同"文从字顺""简而有法"的文风以及"文穷而后工"的理念。苏轼门下有黄庭坚、陈师道、张耒、秦观、晁补之等人，都写得一手好古文。这支队伍让宋代古文运动达到波澜壮阔的巅峰。宋代古文运动之所以能更上层楼，除了古文家的实践理论并努力创作外，他们的主张也更为成熟。而且不只学先秦两汉的文章，还能就近取法韩愈、柳宗元等唐代的优秀古文作品，再进一步提倡"文以载道"（文章是写来传扬道理的，见周敦颐《周子通书》，系"文以明道"的加强版）。宋代的古文运动发扬韩、柳所开创的局面，守成有功，影响到后来明朝的仿古效古运动，如公安派、竟陵派，而清朝的桐城派、阳湖派、湘乡派，也无不受到唐宋古文运动的启发。

虽然古文运动带有“正统”观念，局限了文章主题的发展。但也正因为有唐宋古文运动的领导，扭转了流漫颇广的形式主义。古文运动上承先秦两汉优良的散文写作传统，并能有所创新，为中国散文的写作开启更大的空间。有健康的散文作品为支撑，宋代以后的古文，才能顺利地发展下去，变成一波波不衰的文学潮流，持续发挥影响力。

搜集并对唐宋古文进行赏析的书籍，坊间常见的有《古文观止》，它本身就是很好的古文研读入门书籍。另外韩兆琦等人编的《唐宋八大家名篇赏析》，焦点集中在八大家的重要作品，可以为读者省去翻检的时间。李道英的《唐宋古文研究》则是仔细说明了古文兴起的始末及相关背景，想要深入探析的话，不妨一阅。

古文运动的流变

发展	时代	主要代表人物	作品特色或主张
背景	南北朝		骈俪文体，追求唯美
先声	初唐—中唐	陈子昂、柳冕、张说	主张废弃骈俪之文的写作

续表

发展	时代	主要代表人物	作品特色或主张
唐代古文运动	中唐	韩愈、柳宗元、刘禹锡、李翱、李汉、张籍、皇甫湜	认为“非三代、两汉之书不敢观”，主张复古，用散文代替骈文。“文以明道”——文章要有社会意义的内涵
衰微	晚唐、五代十国		政局不稳，文人朝不保夕，贪图享乐，骈俪文再度兴盛
大盛	宋初	范仲淹、柳开、孙复、王禹偁	散文文字直截平易
	北宋	欧阳修	曾崇韩愈的文学主张，并提拔曾巩、王安石、三苏，壮大古文创作队伍，使古文成文章正宗
		曾巩	笔法谨慎，与欧阳修并称“欧曾”
		王安石	文章笔力遒健，擅长论理
		苏洵	为文学习上古典籍，有先秦之风
		苏轼	自谓：“作文如行云流水，初无定质，但常行于所当行，止于所不可不止。”
		苏辙	苏轼称其文：“词理精确，有不及吾；而体气高妙，吾所不及。”
		司马光	文章主张名教以端正风俗

续表

发展	时代	主要代表人物	作品特色或主张
延伸发展	元、明	元代：姚燧、虞集 明初三大家：刘基、宋濂、方孝孺 明中期：归有光、唐顺之	以创作古文为志业，各人主张同中有异
		明中晚期：前后七子	由效古而变成仿古，古文的生机受到扼杀
		晚明：公安派、竟陵派	自然清淡、直抒胸臆
	明末清初	黄宗羲、顾炎武	实事求是
	清	桐城派：方苞为首	重视经典，撰文遵守“义”（言之有物）、“法”（言之有序）
		阳湖派：恽敬、张惠言为首	取法先秦，为文较为放纵，有纵横家的策士之风
		湘乡派与曾国藩	在桐城学问义理、辞章、考据三途之外，另辟“经济”一类，为桐城派中兴的功臣
		全祖望	投身经史，致力于传记写作

传述奇异之事——唐传奇

“传奇”字面上的意思就是“传述奇异之事”，为什么用以指称唐代流行的文言短篇小说呢？有一说法是，晚唐人裴铏将几则记奇异之事的文言短篇小说结集起来，书名称为《传奇》，后人就以此表示唐代的短篇小说了。

唐传奇是在神话传说、史传文学、六朝志怪和志人小说的基础上发展起来的，但和前者比较，唐传奇的题材更加丰富，技巧也更为高超。不过它们之间最大的差别在于，唐传奇之前，文人写小说是无意为之，而依照鲁迅《中国小说史略》的说法，唐传奇的作者“始有意为小说”，他们已意识到自己在写小说。这意味着中国小说发展进入另一个新阶段。

唐代的城市经济发达，各种文学形式兴盛。当时参加科举考试的读书人中有一种风气，为求推荐或加深考官对自己的印象，他们会在应试前将自己的作品进呈名人显要，称作“温卷”，而许多人便会写作传奇。这种种因素推动了传奇的产生。

一开始的唐传奇作品，还有六朝志怪小说的生涩，艺术手段也不够高明。但是到了中唐，作家和作品数量增多，够分量的作品也不少，例如陈玄佑的《离魂记》、李朝威的《柳毅传》、沈既济的《任氏传》与《枕中记》、元稹的《莺莺传》、白行简的《李娃传》、陈鸿的《长恨歌传》、蒋防的《霍小玉传》等，都是中唐的创作。

以元稹的《莺莺传》为例，内容写的是崔氏孀妇携女儿莺莺暂居山西蒲州普救寺，没想到遇到兵乱，幸得寄居该寺的张生保护。为了酬谢张生，崔氏母女设宴款待。之后张、崔两人得丫鬟红娘之助而互通款曲。之后张生前往长安应试不中，就抛弃了莺莺，男女各自婚嫁。这部传奇，虽说没有皆大欢喜的结尾，但文中对崔、张的爱情和两人性格、心理的细致描写非常动人，不论是选材还是艺术技巧，《莺莺传》影响了后世许多爱情作品。明代著名的戏曲《西厢记》，用的就是《莺莺传》的故事梗概，后来以“红娘”称呼媒人婆，典故也是从这个故事来的。

晚唐国势不振，唐传奇也跟着衰落。读书人期待肃清贪官污吏、唐朝东山再起，于是出现了一些以行侠仗义为主题的传奇作品。裴铏的《传奇》就是一例，书中所收《昆仑奴》的故事还成为电影《无极》的原型。虽说这时期的传奇艺术价值不算高，但据传由杜光庭所撰的《虬髯客传》，收于北宋人李昉的《太平广记》，还算自成一格。

《虬髯客传》写到隋末天下大乱，李靖献策求见掌权的司空杨素，但不被重用。杨素家妓张氏，因手持红色拂尘而称红拂女，她看到李靖一见钟情，半夜就偷跟出门与他私奔了。两人寄宿灵石旅社时，一个满脸虬髯的男子闯入，非常没礼貌地直盯着红拂女梳头，红拂女觉得虬髯客与众不同，为免李靖和他起不必要的冲突，当下便与虬髯客义结兄妹。后来李靖有机会引虬髯客见到"真命天子"李世民，本来心图大业的虬髯客，看到李世民有当皇帝的命格与气势，便放弃了逐鹿中原的企图，还把全数家产赠送给李靖，帮助李世民争夺天下，自己带着妻子与仆人离开中原，前往东南扶余国开创大业。后代有许多作品吸纳了《虬髯客传》的故事情节，还有人说它是近代武侠小说的始祖。《虬髯客传》中的"风尘三侠"也成了固定指涉"三位感情介乎亲情与爱情男女好友"的意象。

唐传奇摆脱了六朝志怪小说的粗糙，情节和人物心理的描写趋于细致，并逐渐开始虚构情节，慢慢与所采用的历史故事脱钩，而有更大的发挥空间。唐传奇也大量运用民间口语和流行诗词，使人物的形象立体，拉近作者和读者的距离，并提高小说的渲染力。

如果想直接阅读唐传奇的文本，王梦鸥的《唐人小说校释》（上、下）是很适当的读本；想对唐传奇的发展有基本了解的话，汪辟疆编的《唐人传奇小说》也不错；另外王梦鸥针对相关的研究编有四本《唐人小说研究》集子，是很好的参考书。

说故事的底本——宋话本

“话本”的“话”意指故事，“本”意指文本；“话本”就是说故事的底本。话本大致流行于宋、金、元、明四代，它是讲唱艺人口头创作的书面记录。用现代话来讲，有点像上台报告时手上捏着的小抄。不过人家上台是忙着耍嘴皮子，小抄当然都先背熟了。

宋代的城市商业活动繁荣，市民阶层逐渐壮大，在求得温饱之余，他们的生活娱乐就是到茶馆喝喝茶、嗑嗑瓜子，再听听人家讲故事。这是当时城市中大众化、能让小市民觉得享受的事。现存宋元话本的“小说”，很多收录于《京本通俗小说》《清平山堂话本》和《喻世明言》《警世通言》《醒世恒言》中。话本的题材多样，但要能说到吸引听众进场，主题不外乎就是历史、爱情、司法悬案。这几类话本作品的成就也最高。

在以爱情为主题的话本里，人物往往脱胎于市民生活中形形色色的人物，也可见到以市井小民为主人翁的作品。《碾玉观音》和《闹樊楼多情周胜仙》堪称这类小说的代表作。以《碾玉观音》这则“人鬼恋”的故事为例，内容叙述出身装裱匠贫寒家庭的女主角璩秀秀被卖到咸安郡王家。在府中她爱上了玉匠崔宁，主动找他一起逃到远方成亲，没想到秀秀后来被人抓回，给活活打死，埋在花园中，秀秀父母担惊受怕也投河而死。不知情的崔宁遭到发配充军。然而秀秀的爱情万分坚定，她抛不下崔宁，和父母的魂魄一起返回，再与崔宁聚首。最后崔宁发现他们不是人，仍毅然决定和秀秀到地府做对鬼夫妻。这篇话本作品批判了社会阶级的不平等和人权的丧失。崔宁夫妇无力反抗，只能借由作者所设计的另一个空间——阴间，在那里幸福地重新团圆，也算是对封建社会的消极控诉吧！

公案类的作品有刑案推理因子，又能反映当时复杂的官民矛盾，在当时也很受欢迎。《错斩崔宁》和《宋四公大闹禁魂张》是这类型中较突出的作品。《错斩崔宁》写刘贵向邻人借了钱，还故意蒙骗小妾陈二姐说是卖了她才得来的钱。陈二姐伤心之下离家出走，没想到前脚一出，后脚刘贵就被来打劫的静山大王给杀死。二姐路上遇到卖丝客崔宁好心照顾，结果却被误会二姐谋财害命，与崔宁私奔。在昏官的严刑拷打之下，两人屈打成招，被判了死刑。作品揭露官府想省事而草菅人命的心态，明明可以推敲出来真相，在官府轻率断狱下竟白白送了两条无辜的性命。实在是可气！

比起之前的小说而言，话本已有很多新的发展。首先，说话人为了吸引听众，特别注意情节的安排。其次，话本很喜欢描写人物的内心，以引起听众的共鸣。在这两点上，话本的创作手法比唐传奇又前进了一大步。在中国小说发展史上，话本占有承前启后的重要地位。后来《三国演义》《水浒传》《封神演义》《列国志传》等历史小说从这里汲取了丰富的养分，对于元明流行起来的戏曲也有深刻影响。

如果直接想看话本原文，胡万川编的《宋明话本》节录不少精彩桥段，而且携带方便，是不错的选择；王庆华编的《话本小说文体研究》从考索“话本”入手，分析“话本”发生、成熟及后来演变的过程，并详叙其艺术规范，十分便于了解话本。另外专题性的研究如傅承洲的《明清文人话本研究》或温孟孚的《“三言”话本与拟话本研究》，对了解若干话本发展过程的现象也很有帮助。

六、从压抑，到解脱
——平易通俗的元明文学

文人发泄的窗口——杂剧与散曲

不是杂耍——元杂剧

元统一中国后，对人划分等第。在这样一个社会不平等的环境之下，读书人受到轻视，对功名的兴趣也不再那么浓烈。那么激动的写作欲望和内心不吐不快的情感要如何抒发？杂剧的创作成为一个发泄的窗口。这些不得志的读书人常与杂剧艺人共同创作，在以大都（当时的首都，现在的北京）为中心的北方地区，元杂剧便兴盛起来。南北统一之后，元杂剧逐渐流传到南方，如江南临安（南宋行都）等地。

杂剧算是中国戏曲艺术中最早发展至成熟阶段的戏曲种类。杂剧的起源很早，南宋流行的叫宋杂剧，传入北方的称作金院本，流行到元朝的便是元杂剧。一本杂剧大致可分为四折，配合情节发展的起、承、转、合，另外还有一个具有开场或过场性质的楔子，可作为补充。杂剧有三个构成部分：宾白（对话）、唱词（歌词）、科介（动作），再由基本角色来执行这三个部分。至于角色又可粗分为：旦（女主角、女配角）、末（男主角、男配角）、净（搞笑艺人）、杂（其他路人甲等）。

元初到元大德年间，是元杂剧发展的鼎盛时期，王实甫的《西厢记》、马致远的《汉宫秋》、纪君祥的《赵氏孤儿》等都算当时很卖座的作品。《西厢记》和《汉宫秋》的爱情、《赵氏孤儿》的忠臣孽子，都很合广大观众的胃口。以《汉宫秋》为例，这是写王昭君奉汉元帝之命出塞和番的故事。美丽的王昭君本来不会被选去和番的，只因她不肯贿赂朝廷画师毛延寿，画师就故意在上呈的画像里把她画得极丑。没想到事实的真相被汉元帝发现了，毛延寿潜逃到匈奴国去，还怂恿匈奴王用武力威胁，向汉元帝要求娶昭君。可叹的是满朝文武想不出一个抵御匈奴的办法，昭君为免生灵涂炭，只好答应和亲。等到昭君来到黑龙江畔，便改换汉服，投水殉国。整个故事揭发了小吏的贪腐、官员的无能，暗地里讥讽元朝的现况。同时作者也借由歌颂投水明节的昭君，提倡“忠臣不事二主，烈女不事二夫”的价值观，等于给那些不仕元朝的遗臣拍拍手。

以杂剧闻名的还有白朴，其代表作为《梧桐雨》，写的是唐明皇和杨贵妃的故事。不过元朝杂剧界最红火、最牛的要属关汉卿了。关汉卿祖上累世为医官，他自己也曾在金朝当医官。金亡之后不仕，专心著作，这和由医转文的台湾文学作家赖和、畅销书作家侯文咏很像，也许当医生只能医身，而当作家还可以进一步医心。关汉卿的创作量很大，质量也很高。他的作品光是“登记在案”的就有六十几部，著名的作品有改写自志怪小说《东海孝妇》的《窦娥冤》，以及《单刀会》《救风尘》等。关汉卿的难能可贵之处在于他通过现实主义手法，在作品里反映出元人统治之下无理的社会制度。元末贾仲明称赞他是“杂剧班头”“梨园领袖”，今人刘大杰《中国文学发展史》还把关汉卿比喻成东方的莎士比亚，这些称誉就关汉卿的表现而言实至名归。

明初，杂剧进一步宫廷化，体裁简短的短剧和专唱南曲（参见南戏／明传奇）或兼用南北曲的南杂剧出现。其中虽有些好作品，如徐渭的《四声猿》等，但文学一旦走进宫廷、走进小众，生机尽失，等于宣告它自己的死亡。不过由于杂剧作家们的努力，杂剧在中国艺术史里发挥了为中国戏剧奠基的作用，也算完成了历史的阶段使命。

由于杂剧著作于书面采用剧本方式，阅读起来不是很方便，帮它评释的人并不算多。但有陈俊山《元代杂剧赏析》这类书籍可以参考。另外进行研究的，多半采取专题或专人研究的方式，如刘靖之《元人水浒杂剧研究》或陈建华《元杂剧批评史论》。这类著作比较艰深，未必适合初学者。

闲来漫弹——元散曲

宋元之间，少数民族乐曲流入并与中原音乐融合，传统的词和词曲不再能适应新的音乐形式，于是促成一种新的诗歌形式——“散曲”的形成。散曲，元人称为“乐府”，相较于古乐府，散曲又称“今乐府”。散曲在金元时期自北方起源，所以散曲又称北曲。

散曲之所以称作“散”，是与元杂剧的整套剧曲相对来说的。如果作家单纯采用曲来抒情，与科（动作）白（对话旁白）情节无关的话，就叫“散”。散曲的口语化非常明显，因为体式较为自由，所以散曲要比近体诗和词采用了更多的平铺直叙方式。

散曲初期的创作，主要由书会才人、小吏、官宦作家来进行推广。书会指的是散曲创作者的固定性联谊集会，这有点像现在作家发起的沙龙，大家坐下来谈论文学理念，再进行创作比赛或观摩。这给散曲的发展挹注了强大的活力，最有名的书会作家要算关汉卿，代表作品有《不伏老》等。《不伏老》中有“我却是蒸不烂煮不熟捶不匾炒不爆响珰珰一粒铜豌豆”，很明显可以感受到关汉卿追求的是放荡不羁却又刚毅不屈的境界。

白朴、马致远则是小吏作家代表。白朴自幼博学强记，因感叹身世起伏和时代的动乱，散曲作品的主题多半集中于叹世、咏景和闺怨。与关汉卿、马致远、郑光祖合称为“元曲四大家”。而马致远的作品闲适静远，力图重现传统文人价值，被誉为“曲状元”。最有名的代表作是《秋思》：“枯藤老树昏鸦，小桥流水人家，古道西风瘦马。夕阳西下，断肠人在天涯。”断肠人为何断肠？思乡还是忆亡国？在枯藤、老树、西风、瘦马的烘托之下，这个断肠人不得志的文人处境十分凄凉。

达官显宦作家的代表是卢挚、姚燧等人。卢挚向往隐居生活，作品隐约透露对时势的无奈；姚燧个性耿介，是非分明，作品颇能表现时代精神。在他们之后，散曲进入衰退期，这个时期的代表曲家是张可久和乔吉，两人齐名，有“曲中李杜”

之称。此时，散曲出现比较明显的追求形式美的倾向，这是在朝代衰弱的环境下可以看到的一种文学现象。不过有趣的是，张可久的散曲走的不是通俗化而是典雅化的路子。在元后期散曲的发展上，张可久的作品是一个重要的转折点。

在散曲身上，我们可以看到诗、词等韵文文体一脉相承，然而它的形式和艺术手法要更为自由而多元。这是因为散曲使用“衬字”让句子放大，让内容通俗化。“衬字”指曲家创作时，于曲谱应有字数之外再加添虚字，一般用来补足语气或描摹情态。以乔吉《绿么遍》为例：“（不占）龙头选，（不入）名贤传。时时酒圣，处处诗禅；烟霞状元，江湖醉仙。笑谈便是编修院，留连，批风抹月四十年。”如果没有括号里的字所表示的衬字，此曲一开头就显得有点严肃。再者散曲在创作上并不避俗，甚至还以俗为美，很多散曲作品里可以看到俗语、外国语、搞笑的话、行话等。以关汉卿《一半儿》为例：“碧纱窗外静无人，跪在床前忙要亲，骂了（个）负心回转身。（虽是我）话儿嗔，一半儿推辞一半儿肯。”用字口语通俗，加上有了以括号里的字表示的衬字，那种打情骂俏的情景马上让读者觉得亲切有趣。就审美的标准而言，散曲用的是另一套与诗词不同的规格，写出来的作品自然也就相异其趣了。

由于散曲的风格面貌千变万化，评释它的人很多，这类书籍有刘兴汉《小桥流水：元曲赏析》，曾永义、王安祈选注《元人散曲选详注》，都是很便利的入手书。但是若想要再进一步了解，散曲和杂剧的情况一样，学者也采用专题或专人为主题进行研究。不过这些书如陈丽珊《元散曲隐逸思想研究》、马显慈《关汉卿、白朴、马致远三家散曲之比较研究》等，比较艰深，不适合初读。

舞台上的南戏——明传奇

南戏就是南曲戏文，指一种民间戏曲，并以南方的语言、歌曲所组成。这种戏曲早在宋徽宗到光宗年间就已出现，由于当时在宫廷里流行的主要是杂剧，所以南戏不太受到重视。其实南戏和杂剧的结构有些相似的，不同的地方在于杂剧用的是北曲音乐，而唱腔、唱法、演出方式等比较固定；南戏则主要用南方的方言和曲调，体式较杂剧来得自由。

南戏和杂剧的发展可以用“此消彼长”来形容。杂剧在元朝蔚为流行，南戏显得衰落。元中叶后，南戏吸收杂剧的优点而风行一时。之后从事改良南戏的人越来越多，也提升了它的文学地位。到了明朝，南戏成为戏剧的主流，于是便冠上朝代的名称——“明传奇”。

元末明初，最有名的作品是高明的《琵琶记》和《荆钗记》（荆）、《白兔记》（刘，因叙述刘知远的故事）、《拜月亭》（拜）、《杀狗记》（杀）四套南戏，合称“五大传奇”。五大传奇以后，传奇的创作情况不是很理想，这大概导因于它的唱腔太多，歌律乐器也不太统一。“一人一把号，各吹各的调”，加上方言夹杂的多，严重分散了观众群。好在嘉靖年间，著名的音乐家魏良辅改良了昆腔，整合南北戏曲，此后南戏演唱便统一，观众群也增多，明传奇这才起死回生。

有了昆腔来进行统一后，便出现了卖座的作品。昆山人梁辰鱼叙述西施亡吴故事的《浣纱记》票房就很好。它是第一部以昆腔写作且流传很广的传奇，无形中给昆曲的一统天下戏台提供了很大助力。到了万历年间，大量的传奇问世，形成了一个创作高潮，而有讲究音律而忽视文采的吴江派（以沈璟写武松故事的《义侠记》为代表），和注重文采而比较忽视音律的临江派。这里不得不提一下临江派的代表作家汤显祖。《汤显祖集》收录著名的《玉茗堂四梦》——《紫钗记》《邯郸记》《南柯记》《还魂记》（又名《牡丹亭》），每一部作品都十分流行。说汤显祖是明传奇的总代表，一点也不为过。其中最卖座、最具代表性、到现在还能在很多传统（甚至非传统）戏曲场子看到的就是《还魂记》。

《还魂记》描述太守之女杜丽娘在花园中的牡丹亭睡着，梦见一名书生，并与他谈了场恋爱。没想到杜丽娘醒来后怎么也忘不了那书生，就这么抑郁而终。死前杜丽娘将自画像埋入牡丹亭旁。三年后，长得恰如杜丽娘梦中所恋的岭南书生柳梦梅赴京赶考，意外发现杜丽娘的画像，爱慕不已。杜丽娘便化为鬼魂，叫柳梦梅掘坟开棺，好让自己复活。在杜丽娘的相陪之下柳梦梅高中状元。为了顺利补缺当官，柳梦梅接受杜丽娘的建议去找太守岳父帮忙。不料太守认为柳梦梅在发昏话："我女儿都死了怎还能嫁给你当媳妇？"最后真相大白，杜丽娘和柳梦梅终成眷属。《还魂记》巧妙结合志怪小说"死而复生"的元素与传统生离死别的爱情情节，非常有创意。在这里，汤显祖还开发了一块创作的处女地，让文学家察觉：原来梦境也是可以去虚构情节的地方！这对后来讨论梦境、意识流、潜意识的文学作品而言，启发很大。

南戏在唱腔、音韵上积极吸收各地方言的优势而壮大。虽然南戏的格局看似民间歌舞小戏，但在吸收宋杂剧的表演形式后，也慢慢能与杂剧平起平坐。南戏甚至胜过杂剧一筹，它除了唱腔较优美、表演较弹性自由外，道具的运用和舞台空间的处理，也比杂剧来得细腻，这为后来戏曲的舞台艺术扎下根基。

由于南戏写成书面，亦是剧本的形式，可读性不高，所以为之评释的著作也不多。吕树坤的《中国古代常用文体规范读本——曲》将宋元南戏、元明杂剧、明清传奇、小令、套曲都一一做了介绍，方便读者了解曲的全貌，以及几种形式之间的主要内在联系与差别。同时在谈到某部杂剧或传奇时，吕书引用了精彩的曲词为例证，兼供读者欣赏，对初学者来说是本颇佳的入门书。

明代四大奇书——章回小说

由于精神和形式上的解脱，使得明代散文容易成为书写贴近人民生活的载体，也因此，明代小说的发展蓬勃。除了有灵活的散文可供运用之外，明代小说的发达还有几个原因，一是中国小说自先秦神话寓言、六朝志怪志人、唐代传奇、宋元话本以来，已经有了长足的进展，明代小说继承这些传统，得到充足的养分而茁壮；二是明代著名思想家李贽和文学家冯梦龙都非常用力地强调俗文学的重要，并把俗文学拉抬到跟典正文学一样高的位置上，连带肯定了小说的社会功能和意义，创作风气自然一片蓬勃；三是明代市民阶层需要超越现实时空限制的文艺休闲，他们选择阅读小说，这也刺激了传奇与小说的流传。同时硬件上印刷技术不断进步，书籍流通有了一定的规模，也有助于小说的推广。

明代小说主要采用章回的方式书写。为何章回会成为后来中国长篇小说的主要写作形式？原因就在受到了话本的影响。说话本的说书人，他们的经济来源或是茶馆给的车马费，或是瓦舍（肆）、勾栏（以上是专门提供场地给说书人然后再向听书人收取门票的娱乐场所）给的“出席费”。如果自他嘴中讲出的故事够吸引人，场场爆满，自然能为说书人带来可观的收入。所以说书人口袋里若有好故事，可不能一次讲完，需要在最精彩处留下悬念，好让听书人下次再来光顾，也因此一个故事就被分成许多章回。明代小说因为深受这形式的影响，所以在书面上也由若干章回组成，前后贯串，每回有回目，这个回目大多是对仗又押韵并扣合故事内容的两句话，长一点的就是一首诗。

元末明初施耐庵《水浒传》和罗贯中《三国演义》的出现，标志着中国文坛长篇章回小说的成形。《三国演义》本来书名为《三国志通俗演义》，从时间上来看，它是中国第一部长篇章回小说。作者罗贯中是个用功勤奋的人，为了写这本小说，他参考了正史、杂史、传记、佚闻等资料。书中主要叙述东汉灵帝中平元年（公元一八四）至西晋武帝太康元年（公元二八〇）的历史故事，在叙事上，罗贯中集中火力描述三国各统治集团之间在军事、政治、外交上的种种对抗和拉锯，反映了人民在动乱时代的痛苦，以及他们追求祥和治世的卑微愿望。

罗贯中写《三国演义》，很大一个写作主轴就是教忠教孝，所以在某些平淡无奇的史实上，都有不少添油加醋的痕迹。例如罗贯中认同“拥刘反曹”，所以蜀汉的刘备在他笔下就是位仁君。当长坂坡守不住，要撤到夏口时，急行军都还来不及躲避曹军，刘备居然下令要保护随军队撤退的百姓，便是明显的一例；关羽则被赋予义士的形象，为了报答曹操的礼遇之恩，在赤壁之战曹操败北时私放曹操；就连鞭笞兵士成性的张飞，也成为在长坂坡吼破敌军胆的狂放英雄。不过小说本来就是虚构而能脱离史实的，这么写并无伤大雅，还能增加小说的戏剧性。

艺术上，《三国演义》最难能可贵的是该书总共写了四百多个人物，主要角色的个性都十分鲜明。全书所描写的除了时间线长、人物又多，事件也繁杂错综，作者却能井然有序地展开情节，罗贯中的手法差不多已经是前无古人。

《水浒传》和《三国演义》差不多同时出现，施耐庵根据《宋史》《十朝纲要》《三朝北盟会编》等书的记载，创作成一部描写地方寇匪对抗朝廷的长篇小说。施耐庵一直待在北方，接近元朝统治中心，深切体会到元人对汉人的压迫和老百姓的痛苦。他根据淮南盗宋江等人在梁山水泊对抗朝廷的故事所写的《水浒传》，可以读出起义抗暴的思想主张。

相较于《三国演义》中“教忠教孝”的写作基调，《水浒传》的主轴自始至终很清楚的就是“官逼民反”。老百姓本来只想安居乐业，过平安的日子，是谁逼得老百姓不顾生命的威胁，起来对抗朝廷？让百姓造反的不是别人，正是剥削百姓的官府。《水浒传》里所有上梁山当强盗的，没有一个不是被逼的。

《水浒传》有一百〇八条好汉，所处理的人物虽然没《三国演义》多，但书中也有一二十位个性鲜明的角色典型，如及时雨宋江、豹子头林冲、花和尚鲁智深，还有徒手打死老虎的武松等，施耐庵充分运用适合人物性格的语言，成功塑造出这些人物形象。

至于叙事的方式，《水浒传》虽然使用单线纵向发展，将每位英雄被逼上梁山的过程一一详述，但每条单线之间又有所关联。诸如鲁智深和林冲不打不相识，原来彼此是世交，孙二娘差点毒死过路的武松，后来一起相约上梁山，如此种种，不胜枚举。整部《水浒传》单线叙事之间存在着有机联结，阅读起来兴味盎然。

施书和罗书之后，又出现吴承恩的《西游记》和署名兰陵笑笑生的《金瓶梅》，两书的艺术水平和前者相较，又更加提升。

后二者和前二者被后人合称“四大奇书”。

《西游记》的作者吴承恩，出生在一个由小官吏没落为小商人的家庭里，在科举和仕途上都不顺遂，长时间只能靠卖文章为生。他自幼爱好神奇故事、野史奇闻，创作这本充满东方奇幻色彩的《西游记》，或许多少与他现实人生的不如意以及兴趣喜好有关。

《西游记》核心人物唐三藏的原型是唐代翻译佛经的高僧玄奘法师。在唐太宗贞观年间，玄奘不顾禁令，越过国境，前往天竺取回佛经六百五十七部。玄奘这项壮举震惊中外，话题性自然是很强的。南宋便出现了话本《大唐三藏取经诗话》，其中已将玄奘的取经历程和神话故事予以结合，到了元末明初则有《西游记平话》。吴承恩在创作《西游记》时，应该是参考了不少取经话本与民间传说为材料。

《西游记》全书一百回，大致可分为三个部分。第一部分关于孙悟空的出现，描述他如何从石头里蹦出来，在水帘洞称王，又觉得自己在仙界没地位而“大闹天宫”。第二部分是一个过渡阶段，叙述如来和观音劝说孙悟空协助取经，算是取经的前奏曲。第三部分就是前往西天取经，从孙悟空在五指山下和唐三藏相遇，然后写遇到猪八戒、沙悟净两个师弟，三人保护唐三藏至西天取经，一路上又是如何被妖怪所害，如何斩妖除魔的故事。

吴承恩在《西游记》中竭尽全力驰骋他的想象，一个个幻想中的世界和虚幻人物串缀出源源不绝的精彩情节。孙悟空拔一撮毛可以变成千千万万个自己、红孩儿和孙悟空斗法从嘴巴里吐出三昧真火、铁扇公主轻轻一挥扇子就把人扇到九霄云外，诸如此类的神魔本领充满浪漫奇幻色彩。有趣的是，作者在塑造人物个性时，巧妙融合了社会化的人性、超自然的神性与动物特性。例如被贬的猪八戒，既还拥有一点神仙时期天蓬大元帅的法力，又有猪形象的好吃懒做和人类的欺善（欺侮师弟沙悟净）怕恶（怕大师兄孙悟空），读来令人莞尔。借由这个手法作者发泄了对现实世界的不满（以孙悟空比喻有才能但屡遭小人忌害的贤者），虽是驰骋想象，浪漫之外也有现实意义。

《金瓶梅》又称《金瓶梅词话》，托名兰陵笑笑生，真实作者的身份没有人知道。《金瓶梅》是根据《水浒传》中西门庆勾引潘金莲、害死武大郎，最后被武松所杀的情节略加改动而展开。它没有继承《水浒传》的主题，而是将写作重点放在西门庆从发迹到淫乱而死的过程。小说书名则是从西门庆的三个妾和宠婢潘金莲、李瓶儿、庞春梅的名字中各取一字而成。

因为《金瓶梅》中对性爱的描写非常露骨，很长一段时间被视为禁书或只能在台面下流通。然而若把阅读重点放在写作上，就会发现全书其实是以写实主义的手法刻画社会最黑暗的一面。《金瓶梅》里的人物，尽是昏庸的皇帝、贪婪的权奸、堕落的官员、无耻的仆人、破戒的僧尼、淫邪的妻妾等，读来好像陷在人间炼狱当中。《金瓶梅》反映了明朝中叶真实的社会现况，让人触目惊心。虽然书中大坏蛋西门庆最后是精尽人亡，但读者并不会因为恶人的死亡而生起一丝丝轻松感，因为他们都知道社会上还有无数个西门庆，“该如何制止他们以保护善良人民？”应是作者想要唤起的议题。

在《金瓶梅》之前著名的长篇小说，几乎都以民间说讲故事为加工原料，再创造而成。而《金瓶梅》的情节除了一小部分与《水浒传》雷同外，如武松、潘金莲与西门庆的三角关系，其余均是全新的创作。在中国文学史上，它是第一部文人独创的长篇小说，具有指标性意义。此外《金瓶梅》细腻的写实手法，影响了后面的《红楼梦》等作品。

明代四大奇书，从写定开始就是打算要公开贩卖的小说作品，主要读者为市民大众，因此可读性很高。今天不难购买到有完整批注而方便阅读的本子。这里要提的是侯文咏《没有神的所在——私房阅读〈金瓶梅〉》，此书从社会学科学的角度，重新解读《金瓶梅》的人物行为，很有创意，值得一读。

四大奇书比一比

书名	作者	时代	前承	艺术特点
《三国演义》	罗贯中	明	《三国志》《全相三国志平话》	有秩序展开情节、塑造人物时寄寓作者澄清政治的理想
《水浒传》	施耐庵	元末明初	《大宋宣和遗事》	情节独立、环环相扣，人物刻画有血有肉
《西游记》	吴承恩	明	《大唐三藏取经诗话》《西游记平话》	浪漫驰骋神异的想象，创造出众多妖魔与神仙世界
《金瓶梅》	兰陵笑笑生	明	利用《水浒传》部分角色独创	细节描写十分写实，将传统线性叙事结构转变为网状结构

七、有总结，有成就
——昙花一现的清代文学

清朝统治者在统一中国的过程中，无所不用其极地将南明政权赶尽杀绝，同时又采取一些能够缓和民族冲突的怀柔政策，例如在经济上免除明末加收的税赋，继续推行科举考试以拔擢人才等。康熙年间出现长达四十年的安定局面，文学的创作也逐渐恢复生机。

清代是中国最后一个封建王朝，也是古代文学史上最后一个重要阶段。古典文学如诗、词、散文、小说、戏曲等，累积了少则数百年，多则上千年的能量，在这个时期既达到一定成就，同时也做出一个总结。

活跃于康熙时期诗坛的有神韵派领袖王士祯，以及朱彝尊与查慎行等人。词坛也是一派欣欣向荣，有学苏轼与辛弃疾的陈维崧（阳羡词派）、学姜夔与张炎的朱彝尊（浙西词派）、风格神似李煜的纳兰性德。

戏曲部分，要以洪昇的《长生殿》和孔尚任的《桃花扇》成就最高。《长生殿》把唐玄宗李隆基与杨贵妃的爱情悲剧，放在安史之乱的背景中描写，虽然重炮抨击宫廷生活的腐败，不过在歌颂唐玄宗与杨贵妃的真挚爱情方面也投注了不少心力。作品既具有社会写实的价值，剧情也十分动人。孔尚任的《桃花扇》是以侯方域、李香君的爱情离合为主线，搭配南明福王弘光朝的覆灭，其中传达出作者对明室腐败的深刻感受。这部作品达到历史真实与艺术真实的契合。

清初的小说，艺术成就较高的当推蒲松龄的《聊斋志异》。蒲松龄出身没落的小商人家庭，原本醉心于功名，虽然十九岁就中了秀才，但之后的科举之路并不得意，以担任私塾老师维生。据说蒲松龄为了搜集民间传说，曾在路旁准备好茶水与烟，邀过路人闲谈，听到好故事就写下来并修润，凡是提供他神鬼传说的人，便能得到一碗小米绿豆粥。《聊斋志异》看似在说狐道鬼，但这些鬼怪往往要比人类还懂得人情世故，甚至是有情有义。蒲松龄这样写，主要是想借“人不如鬼”来讽刺世间的不平。通过对妖魅鬼怪的描写，讽刺封建吏治和八股取士制度的黑暗面，并颂扬青年男女对于幸福与爱情的追求。蒲松龄在书中运用丰富的想象力和巧妙文笔，生动描写了人鬼的互动。虽然大部分是浪漫的短篇鬼怪故事，其中都寄寓着社会写实意义。全书以流畅的文言文写成，情节生动，引人入胜，有“短篇小说之王”的美誉。

到了“乾隆盛世”，清廷仍持续厉行言论钳制政策。乾隆皇帝利用编修《四库全书》的机会，大量销毁或窜改不利于清廷统治的书籍。在这股压力下，诗文作家大都创作现实意义比较薄弱的作品。不过可喜的是，诗说（文学批评或理论）、诗派颇为活跃。著名诗人有持格调说的沈德潜，持性灵说的袁枚等人。至于词坛，则以浙西派的影响为最大，代表的词家有厉鹗等。

散文方面，出现以方苞、刘大櫆、姚鼐为代表的桐城派。方苞主张义法，姚鼐讲究文章的刚柔调和。可惜的是，他们的作品没有洞穿时代的高度和视野。骈文方面，上接六朝唐宋，以才藻富丽取胜的作家有孔广森等人；效法魏晋建安风格的有汪中、洪亮吉等人。

盛清的小说文坛出现两部伟大的著作，一是吴敬梓的《儒林外史》，二是曹雪芹的《红楼梦》。吴敬梓出身仕宦名门，家学渊源加上天资优异，在创作方面很早就展现了过人才华。成年后，有机会随父亲前往各地，见识了许多官场内幕。父亲过世后，他历经一场家族财产的争夺战，之后既无心求取功名，也蔑视财富、厌恶虚伪的人际关系。安徽巡抚曾推荐他进京考试，他却装病不去，放弃大好机会。由于生性乐善好施，又不在意金钱管理，很快就耗尽家产，长期过着清贫的日子。冬夜寒冷难耐时，他就在月色下绕着城墙走路，大声吟歌，戏称是“暖足”。出外找朋友接济时，朋友发现他的行囊竟然空空如也，认为他身为文人总该带着笔砚吧，他则回答自己胸中自有笔墨，不需要那些东西。在饱尝了人间冷暖与生活的酸苦后，吴敬梓晚年奋笔疾书，完成了中国讽刺文学的代表作《儒林外史》。

《儒林外史》对于封建取士考试制度的流弊与摧残人才的情况，进行了全面的揭露和辛辣的讽刺。书中描写到考场的黑暗和读书人扭曲的个性，将古代八股社会的丑态刻画得淋漓尽致。特别是，全书以白话文进行创作，用字精准，其中“范进中举”“王冕画荷”是脍炙人口的故事。鲁迅认为，《儒林外史》问世后，“说部中乃始有足称讽刺之书”（《中国小说史略》）。吴敬梓堪称是“中国讽刺文学之父”。

《红楼梦》的作者曹雪芹，先祖原本是汉人，后来成为汉军正白旗人。曹雪芹的曾祖父曹玺曾任“江宁织造”，负责制造与采购宫廷所需的织物，而曾祖母孙氏是康熙皇帝幼时的保姆，也因为这层关系曹家颇受到康熙皇帝的眷顾。到了祖父曹寅是曹家最风光鼎盛的时期，他继承了“江宁织造”职务，官高位显，享有荣华富贵，同时他还是一位诗人与藏书家。不过雍正即位后，因争夺帝位的政争，曹氏被抄家；到了乾隆时期，曹家又逢巨变，于是家道中落。相较于曹雪芹幼年在南京过着锦衣玉食的生活，抄家迁回北京后，中、晚年的日子贫穷困顿，住家环境“茅椽蓬牖，瓦灶绳床”（《红楼梦》第一回），还得“举家食粥酒常赊”（友人敦诚诗作《赠曹雪芹》），只靠着卖书画维生。曹雪芹在这种极端困苦的条件下创作了《红楼梦》。这部巨著是他呕心沥血之作，可惜全书尚未完稿，他因爱子夭折而哀伤不已，最后自己也一病不起，死时还不到五十岁。曹雪芹一生历经人世间盛衰的无常变化，他以辛酸泪写成的《红楼梦》，或许可以看成世事红尘的缩影，也可视为他人生不凡经历的回忆。《红楼梦》的开卷诗：“满纸荒唐言，一把辛酸泪；都云作者痴，谁解其中味？”为曹雪芹的创作人生下了最佳脚注。

《红楼梦》的情节大致上可分为两部分：第一部分借女娲补天的神话，铺陈贾宝玉是补天玉石之精转世的故事前提（所以《红楼梦》又叫《石头记》）。第二部分则是描述贾宝玉、林黛玉的爱情悲剧，以及贾府由盛转衰的过程。全书反映官僚阶层生活腐败，同时烘托出贾、林为追求爱情自主而反抗传统的勇气。此外，曹雪芹通过对日常生活琐事和人物内心世界的细腻描写，塑造出一群具有深刻典型意义且个性鲜明的人物形象，创造了中国古典小说的一座新高峰。

由于乾隆皇帝的好大喜功和后期政治上的腐败，国力严重透支。嘉庆、道光时期，统治与被统治阶级关系愈加紧张。眼看“盛世”消逝，文坛的气象也不若以往。这个时期的散文代表有恽敬、张惠言等人，提倡文章要符合汉魏六朝与唐宋的特点，结合骈、散两体的优点以拯救桐城派的薄弱，称作阳湖派。词的部分，张惠言与稍后的周济，宣扬词的比兴意义和社会作用，称作常州派。但是他们的创作，受限在周邦彦、吴文英等人的词风当中，少了深广的现实意义，并没有超越先前的阳羡派与浙西派。

整个大清朝是中国所有文学形式昙花一现的大舞台。不论是清朝正流行还是退流行的文学，都在此时期扎扎实实地复苏了一遍。它是外族统治下文化交流的丰甜果实，也是中国旧文学的最后挣扎，清朝文学的确总结了之前所有中国文学的精华，也留下许多很有价值的作品。

散文部分，黄珍珠的《清代散文赏析》读来没有压力；另外中国人民大学和北京大学合编的《清代诗文集汇编》，部头太大，当读本的话虽嫌太累，但是拿来查查文本倒颇实用；至于清代著名的小说作品如《红楼梦》等，坊间已有多种注释本可供选读，不烦介绍；而杨焱林的《中国古代文学史纲与名篇欣赏》，全书分为诗歌、词篇、散文、戏曲、小说五大部分，每个部分都先从个别文体的发展概况讲起，再选读名篇进行赏析，如果想对中国文学的全貌及各式名篇有初步的了解或进行回顾，杨书是不错的选择。

八、中国的美学问

先秦的文学，形式简单，文辞朴素，以实用和沟通感情为上品。到了两汉，作者意识到文学可以在词汇上下功夫，作品也因此呈现更饱满的意象。汉末到六朝，虽然也有抒情写实的作品，但许多想从苦难世界中寻求出口的文人，选择将心力专注在文学的形式上。

六朝格律声韵理论的发现，让文学家欣喜若狂，原来除了词汇之外，音调的变化，也能丰富文学创作的调色盘。六朝之后，要归功于先前文学家的披荆斩棘，对文学各种题材、体式进行无数的尝试，才能让唐、宋、元、明、清先后开出唐诗、宋词、元曲及戏剧、小说的灿烂花朵，结出丰硕累累的果实。

清朝虽然是所有传统文学的回光返照，但这一照，不是只有留下巧笑倩兮的消瘦影子，尽管传统文学在民初的白话运动中被批评得一文不值，但文人嘴里批判，手里还是拿着读。传统文学仍然流淌在中国人的血脉里，伺机而动，随时能从人们的手里冒出头、从人们的口里发出声。可以说，传统文学还活蹦乱跳活在所有华人的心中。

3

PART

国学中的“真”学问——历史之部

究天人之际，通古今之变

文字发明以前，先民的行谊事迹多半凭借口头传播，内容往往夸大且容易失真；文字发明以后，这些人类与大自然对抗、部族与部族之间的斗争才得以完整记录下来。时日一久，记录部族重大事件的相关史料文献资料累积得越来越多，漶漫杂乱。有见识的人，晓得这些记载里有很多可以取法和借鉴的地方，具有很高的学习价值。为了使用上的方便，就制定特定的体例来整理它们，编成史书。这是史书的形成和由来。

将历史上确实发生的真实事件有条理地予以记录，这门学问可以说得上是“真”（真实）的学问。中国的史书因为编纂人身份的不同，可大分为官修与私修两种史书。从取得史料到整理史料的过程，并不是随便就可以让一般平民去进行的，所以史书一开始都是由政府出面或皇帝下令某位有学问的人来编修。这类由国家出人出力，并且在成书后获得国家认可的，就是官修史书。

知识普及后，失意的读书人或隐居的高士也有自己动手编写史书，并在其中寄寓自己的理想或牢骚的，这类史书，有的取得朝廷的认可，但更大部分是朝廷不承认的，这类史书便属于私修史书。

依照编纂体例的不同，史书可以大分成编年、纪传、纪事本末、政书、杂史五类。以下依序说明之。

一、以天时记人事
——编年体

编年体史书以时间为轴心，按照年、月、日的顺序将重要历史事件予以记录。这种形式的史书其实挺像一般人所写“五月十八日天气晴”之类的日记，只不过日记写的是个人的生活琐事，编年体史书写的是国家大事。

因为这类史书以时间为依据，再将历史事件按照发生的顺序记录下来，这样的史书写法在编采史事上较为容易，所以它是目前所知最早具有时序系统的史书书写形式。编年体史书最大的优点是非常能够呈现同时期各个历史事件之间的关联。中国编年体史书要以《春秋》《左传》和《资治通鉴》为代表。

微言大义话《春秋》

“春秋”本来是周王朝及各诸侯国记史书籍的通名，会用“春秋”来称呼记史书籍，一说是因为这类史书依时间先后某年春、夏、秋、冬来排序记载国家大事，但又不好遍举四季来当书名，而春为生物之始，而秋为成物之终，所以就截取“春”“秋”二字作为书名。另外也有一种说法说是“春”代表“生长”，而秋代表“杀戮”，历史事件的发展和历史人物的行为都逃不出“发生”后发展到极致，复归于“覆灭”这样的一个循环，所以时人才用“春秋”来当作史书的名称。后来，孔子根据鲁国的“春秋”改写鲁隐公至鲁哀公之间二百四十二年的历史事件，“春秋”反倒变成孔子史学著作的专名了。

《春秋》的作者是孔子。纵观孔子一生（参见“善学问”一部分），他从未担任过史官，照理是没有资格撰写史书的。孔子取来鲁史，大改特改，当时也确实招惹了一些非议。爱惜羽毛的孔子为何不顾流言谤语，坚持笔削鲁史呢？这是因为当时世风日下，人伦败坏，有臣下杀自己主子的，有儿子杀自己父亲的，周朝对各分封的诸侯国也渐渐失去约束力。眼见诸侯们越来越跋扈，不把天下共主周天子放在眼里，各国国政又多把持在佞臣手上，孔子希望借由记录下这些人的恶行，让其他也想僭礼作乱的人有所警惕，因此也就不计毁誉地希望以一种诛心笔伐以文章激起舆论的方法，给那些乱臣贼子施加心理压力。借由编写《春秋》起到拨乱反正、端正人心的作用。

孔子写《春秋》，讲的都是对当权者不利的事，怕会祸及自身，所以孔子在书中不能明讲君王贵族们的坏话。孔子采用的是一种“微言大义”的编写方式：所谓“微言”，指的是利用隐微的言辞或修辞，让读《春秋》的人得以揣摩知晓其中的讽刺寓意。例如孔子记鲁隐公元年时郑伯翦除日渐坐大的同母弟，写到“郑伯克段于鄢”。“克”字原先用在叙述国与国之间的争伐，但郑伯与其弟段却是诸侯与封邑贵族的关系，一个“克”字把郑伯与其弟段之间兄不兄、弟不弟的悖逆伦常给写了出来，这种用字与遣词方法就叫“微言”。

至于“大义”，指的是孔子以礼义为标准去裁断诸侯贵族们的行为，并利用不同的书写方法表现孔子对他们的评价。譬如僖公二十年齐孝公与狄人结盟，照理说应该记“齐侯、狄人盟于邢”，可是孔子却写成“齐人、狄人盟于邢”，这是因为孔子认为齐孝公不应在没有周天子的应允之前私自与外族会盟，所以笔削鲁史时不尊称其为“齐侯”而径书为“齐人”。

“微言”隐微地使用破格的方式寄寓讽意，“大义”则明显地使用不合于礼的词汇来抨击历史人物的负面行为。这种“春秋笔法”大大影响后来的史书编撰者，以致史书编撰者在撰写史书时都会掺入道德正义的判断。孔子记事以人为中心，这对以事为中心的编年史而言是很难得的，这种以人物为主的史观，更直接促成纪传体史书的出现。

孔子对鲁国《春秋》的改造引起很大的共鸣和肯定，如孟子就认为“孔子成《春秋》而乱臣贼子惧”（《孟子·滕文公下》），表示孔子的《春秋》对当时悖礼乱法的贵族起了警告的作用。孔子编辑《春秋》，精心擘画，汉代著名的史家司马迁大为激赏，说孔子“笔则笔，削则削，子夏之徒不能赞一辞”。孔子学生众多，传授《春秋》的也不少，竟无法对《春秋》内容进行任何增删，可见他写作时的深思熟虑。

叙事分明看《左传》

想要深入了解《春秋》，不可不看《春秋》三传及三传的相关注疏著作。三传指的是《左传》《公羊传》和《穀梁传》。

《左传》这本书原是西汉北平侯张苍献给朝廷的，没想到一直隐没在秘府（相当于国家图书馆）而没有人注意到。后来刘歆整理秘府中的藏书时发现了它，才得以面世。

《左传》旧说是左丘明所作，左丘明的时代和孔子相当，据《史记》的说法，左丘明会着手写《左传》，是因为发现时下读书人对孔子的《春秋》读法不同、解释不一，担心如此一来，后人读《春秋》，恐怕会看不到孔子的本意，所以就根据《春秋》，补充了非常大量的史料，希望可以让《春秋》的史学意义更加彰显。

因为左丘明写的书给《春秋》补了很多史料，篇幅大过《春秋》太多，几乎可以看成他个人的史学著作，所以有人称他写的书为《左氏春秋》：意即左氏所写的史书。另外有人认为这本书主要在补充孔子《春秋》的不足，像在给《春秋》作批注，所以又称这本书为《春秋左氏传》：意即左氏为《春秋》作传（“传”是针对经进行解释的一种著书体例）。

由于《左传》对《春秋》的补充大大帮助了后人对《春秋》的理解，大篇幅地补充资料又保存了许多重要的史料，东汉桓谭对它赞誉有加，认为没了《左传》，叫再聪明的人来看《春秋》，搞不好十年也看不通透。

《左传》在叙事时不以一国为中心，而是周遍地将当时各国的史事予以记叙，过程复杂的历史事件，左丘明都叙述得非常有条理。例如在《秦晋殽之战》中，左丘明选择了几个重要情节的轴线。首先叙述秦国贤人蹇叔知道秦国计划偷袭郑国，因是贪图小利，恐难获得胜利，而自己的儿子被征召出征，只怕有去无回，于是泪眼送行。接着描写郑国的爱国商人弦高，利用犒劳秦师以拖延秦军行进的速度，使秦师最后无功而返。然后交代了转折，晋军半路杀出，突袭无功而返的秦军，结果大胜，并虏获秦国的将领。这时候再延伸出，原为秦人的晋文公夫人文嬴请文公释放虏获的秦国将领，以求两国之好。最后秦伯向获释的将领请罪，表示自己不该贪图小利而袭击郑国。几条叙述轴线把原本极复杂的战争情节，描写得充满戏剧性。

此外，左丘明也运用了符合人物身份的词汇来刻画人物性格，使其形象与个性跃然纸上。《晋公子重耳之亡》写到晋国公子重耳因受骊姬的陷害，流亡在外。在卫国时，“卫文公不礼焉。出于五鹿，乞食于野人，野人与之块，公子怒，欲鞭之。子犯曰：‘天赐也。稽首，受而载之。’”流亡到卫国，文公不接待他们就算了，还把他们赶出国门。结果没得吃喝，只好向乡下人乞食，没想到乡下人竟丢土块给他们吃。处境困窘到这田地，对士气来说是严重的打击。当然重耳气炸了，更想修理那乡下人。没想到子犯做了很好的危机处理，赶快告诉重耳说：“这是老天爷要送你土地的意思，快点磕头拜谢，然后把土块载走。”这段文字把重耳因流亡而困窘的恼羞成怒写得如在目前，而子犯的巧妙回答，把野人原本会打击到他们士气的动作，解读成一种吉祥的预兆，由此可见他的反应能力确属上乘。

从叙事艺术及人物刻画技巧看来，《左传》在史学价值外，本身也是一部优美的文学作品。除了文学意义，《左传》的写作基调与《春秋》保持一致，记载了大量的礼义、忠孝言论，也具有很高的伦理价值。因此到了汉代，它就跻身重要的经典之列了。

除了《左传》，对于传播、解释《春秋》有着巨大贡献的还有《公羊传》和《榖梁传》。《公羊传》原本是口授，流行于齐地，尚未写成书。到了汉景帝时，公羊寿与胡母子都将该学派的思想予以写定，因为公羊寿依据的是其玄祖公羊高的口传，所以书名便称《公羊传》。《公羊传》和《左传》不同，写作重点不在叙事而在解析《春秋》义理，它用问答体的方式一一阐发《春秋》里的微言大义。譬如《公羊传·隐公元年》写道："元年春，王正月。元年者何？君之始年也。春者何？岁之始也。王者孰谓？谓文王也。曷为先言王而后言正月？王正月也。何言乎王正月？大一统也。"什么是元年呀？是君王执政的第一年！什么是春季呀？是一年的一开始。《公羊传》就是用这种自问自答的方式逐字逐句来解释《春秋》的。

在解经的过程中，公羊学家益加相信孔子在《春秋》中设计了拨乱反正的细则，他们还更进一步整理出一套史观来，东汉何休称其为“三科九旨”。简单地说，公羊学家认为：

第一，孔子写《春秋》是为了保存夏、商、周的礼制（“存三统”）。

第二，孔子的《春秋》记载鲁隐公至鲁哀公之间的史事，其中昭、定、哀是孔子所见到的世代（“所见世”），文、宣、成、襄是孔子所听闻到的世代（“所闻世”），隐、桓、庄、闵、僖是传闻到孔子之时的世代（“所传闻世”）。孔子写《春秋》想要彰显这三个时代的史事（“张三世”）。

第三，所传闻世时，每个国家的臣民只知道遵奉自己的君主，不知道其他国家和政权的存在（“内其国而外诸夏”），这个时代又称治乱世；所闻世时，贤明的人担任天子，其他有才能的人担任诸侯，包括天子在内的诸夏政权是开明的，其他非诸夏政权则是野蛮的（“内诸夏而外夷狄”），这个时代又叫升平世；所见世时，天下一家，没有华夏与蛮国的分别，进入“世界大同”的阶段，又叫太平世。

后来公羊家更将《春秋》无限上纲，以为其中蕴含政治理论、司法审判、国家立法的诸多思想，可以作为一切政经行为的准绳和依据。当公羊学家解经解到这番程度，已经明显地走火入魔了。

《穀梁传》和《公羊传》一样，一开始也是口授，流行于鲁地，由战国人穀梁赤口传，至西汉始被记录为文字，因此书名为《穀梁传》。《穀梁传》走的是和《公羊传》一样的路子，也以问答体的方式来讲解《春秋》义理，但它没《公羊传》那般武断，一味抬高《春秋》的意义和地位。在解经方面，《穀梁传》以《论语》的思想为依归，特别是用孔子的“正名”观念来看待《春秋》，是三传中最符合孔子思想的。

关于三传的比较，东晋范宁《春秋穀梁集解·序》的评价最为精要：“左氏艳而富，其失也巫；穀梁清而婉，其失也短；公羊辩而裁，其失也俗。”范宁认为《左传》充满文采而内容富丰，但可惜的是写太多关于鬼神、预言祸福之事了；《穀梁传》笔法委婉而清丽，可惜这么好的文章却篇幅太短；《公羊传》辩理清楚而剪裁得当，但可惜的是文笔太过平俗。

《春秋》内容简略，全靠三传才得以传之后世。三传当中，《左传》记事最详尽，《公羊传》《穀梁传》则是在解释《春秋》经义方面做出重大贡献。若对《春秋》有兴趣，西晋杜预的《春秋经传集解》和《春秋释例》可以参详。但《春秋》毕竟太过简略，趣味性可能不高，加上《公羊传》《穀梁传》解经之作又不是那么容易在初次阅读时就能有所体会，初学者不妨先从《左传》读起。杨伯峻《春秋左传注》最便于初学，可以参考。

司马光与《资治通鉴》

《资治通鉴》是宋朝司马光率领刘攽、刘恕和范祖禹所编成的。司马光过人的机警与智慧，幼年时就已经显现出来，为了拯救落入水缸的玩伴，他捡拾石头打破水缸，这故事大家是耳熟能详的。

自幼司马光的父亲就教导他要做一个正直爱国的人，他也奉行不悖。当他在朝为官时，因为认为急于变法会对国家造成莫大的损失，而和负责变法的王安石意见相左。就算当时挟神宗支持的王安石势力如日中天，他仍坚持立场，甘犯龙颜。其间神宗曾以枢密副使一职拉拢他支持变法，他也坚决推辞，最后甚至自请离京。

由于司马光一直以孝、悌、忠、信为做人的准绳，行事风格温良恭俭让，朝野内外敬佩他的人很多。哲宗就位后，就召他入京主持国政，没多久便政通人和。在担任宰相期间，司马光举才不论亲疏，给朝廷灌注不少新人才。可惜他在位仅一年半，就因积劳过度，疾发辞世。据说出殡时，前来送行致意的就有数万人之多，可见司马光的为人和为官，均受到时人肯定。

宋英宗时期，司马光陆续呈上《历年图》五卷、《通志》八卷。英宗看了很满意，也很肯定司马光的史学专长，设置书局于崇文院，司马光继续进行编纂。神宗时，赐颍邸两千四百余卷藏书给司马光参考，还提供所有的庶务杂支费用，要司马光无后顾之忧地继续写。更发给他皇家龙图阁、天章阁、昭文馆、史馆、集贤院、秘阁的“借书证”，让他可以自由进出，查阅所需要用的藏书。有朝廷做后盾，司马光便开始编修起《资治通鉴》。

不过当时司马光的住家条件非常简陋，夏天时因通风不佳导致闷热难耐。他写作时挥汗如雨，滴下来的汗水常污损了草稿。司马光于是请匠人另外辟出一间地下室，夜以继日地埋首读书写作，就算生病了也不休息。他的好友曾劝他要好好保重身体，他却认为生死有命，还是用功写书比较重要，十五年的著书生涯就这样度过。

《资治通鉴》要处理的史料庞杂，非一蹴可几，司马光在正式撰写此书之前，先请天文学家刘羲叟编订出正确的年历，作为史料依附的主干。之后让人按照年代顺序将要用的史料摘录下来，先编成“丛目”，这个丛目有点像报纸的每周大事记，把同一个时间发生的事集合在一起。之后再由负责的编辑群根据丛目，予以润饰并用文字说明事件前后的关联，修撰成“长编”。在写“长编”的时候，每一事件中间都要保留空行以方便之后的增补。最后由司马光根据长编所记载的史事，把有问题的地方加以考订，删修掉繁杂冗长的地方。在完工之前，司马光之子司马康再检订文字、把关一次，然后才付梓。

《资治通鉴》的写作，在资料搜集方面，单是正史就参考了十七种，运用到的杂史，包括谱录、别集、碑志、野史等，也高达三百多种，加上皇家图书馆如龙图阁等可供借阅的藏书，可以想见其参考数量之庞大、资料之丰富。正因如此，《资治通鉴》编得极佳，宋神宗看了赞不绝口，还赐书名为《资治通鉴》——“使君主鉴于往事，有资于治道”，认为这本书能让君主鉴于往事，有助于习得治国的诀窍。

《资治通鉴》编纂的出发点，就是为了接续《左传》，所以记载的朝代上至战国，下到五代，总共十六朝。除了本书之外，编辑群还另外编有目录三十卷、考异三十卷。目录三十卷就有点类似年表，以时间为序，将单一历史事件摘要收入，整个发挥索引的作用。例如“上章困敦”（上章为十干庚的别称，困敦为十二支子的别称，上章困敦即“庚子年”）目下，先说所记之事在第一卷，再摘要记载楚悼王二十一年，“悼王薨，贵戚大臣作乱，攻吴起，杀之，并射中王尸。太子臧即位，讨为乱者，夷七十余”，简要地记述楚悼王死后楚国的情况。读者想了解楚悼王二十一年事件始末，再回查原书第一卷即可详知。

考异三十卷则是把一件历史事件的各种说法都收入，在反复考证后出一个最好的说法，并说明取舍的原因。例如反隋军事将领之一“薛仁果”又作“薛仁杲”。司马光举出哪些文献资料作“仁果”，而哪些作“仁杲”，哪些又不统一的先作“仁果”，后作“仁杲”。除了根据新、旧《唐书》的人名校正，司马光还参考唐太宗李世民陵墓，即醴泉昭陵前石马上面的铭文：“白蹄乌，平薛仁果时所乘。”认为这位反隋将领名字应为薛仁果才对。

由于司马光做了“考异”的动作，《资治通鉴》的真实度得到了读者的充分信任。《目录》和《考异》这两个附卷原本只是本书的补充，却具备了很高的史学价值，是历来史学家非常赞赏的地方。

《资治通鉴》既然继承《春秋》《左传》而来，编纂的立场自然以儒家思想为基调。该书重视名实相符，对于刑赏、仁暴、义利、信诈、奢俭等，都详加析辨。为了达到“有资治道”的目的，文人的事迹和作品就不在该书收纳的范围里，但若是和政治有关的文章，便记录得特别详尽。虽然从这点来看，《资治通鉴》在记事上并不全面，但《资治通鉴》资料丰富，考证翔实，可说是极重要的编年体通史。它所创的“考异”体例，更因为大幅提升书中记载的真实度，后来史家在撰史时也多半增加此一体例。

《资治通鉴》鸿篇巨帙，初学者可先读目录。如果想要全面地阅读，明末元初胡三省的《资治通鉴音注》可以参考。若只是想轻松阅读，今人柏杨《白话资治通鉴》是很好的选择。

另外，除了《春秋》《左传》和《资治通鉴》外，晋太康年间，盗墓贼盗挖了魏安釐王墓，从墓中取出竹简数十车，其中有部《竹书纪年》，原为战国魏史官所记。《竹书纪年》引发的冲击不小，因为书中记载的不仅在内容上与《史记》的描述有所出入，在立场上也有明显的差异，例如《史记》描述商王太甲纵欲无度，被伊尹囚禁三年后，悔过向善，伊尹便将政权还交给他。太甲复位后，痛改前非，成为修德爱民的圣君。但《竹书纪年》对于这段历史却有不同的记录：伊尹先放逐了太甲，然后自立为王，太甲在七年后返回，并杀掉伊尹，改立他的两个儿子伊陟和伊奋继承伊氏家业。

由于《竹书纪年》中所记史事起自夏禹，但内容提到夏启杀伯益、太甲杀伊尹、文王杀季历等事与儒家旧说不合，所以在流传的过程中，它被删削得不像话。因此，流传到后世的《竹书纪年》本子已面目全非，清人朱右曾为此辑补了《汲冢纪年存真》，今人王国维以此为基础，撰写《古本竹书纪年辑校》。无论如何，《竹书纪年》是少数古时自地下发掘而能流传到现代的珍贵编年体史书。

二、历朝历代修正史
——纪传体

纪传体是以人物为经、以时间为纬的史书编纂体例。一般包括“本纪”，记帝王事；“世家”，记诸侯事；“列传”，记著名人物事；“书志”，记国家政经制度；“史表”，以时间为序罗列国家大事。为求称呼方便，就采“本纪”之“纪”字和“列传”之“传”字合称此种体例的史书。

纪传体可以完整表现出历史人物的行为和他与其他历史人物往来的线索。由于此种以人为本的史书体例，它的故事性和可读性很高，自从此种体例的开创者《史记》以来，就一直被官修正史学家所采用。这类纪传体正史中，最有名的是“前四史”：《史记》《汉书》《后汉书》和《三国志》。

成果斐然的前四史

被阉割后的《史记》

《史记》旧名《太史公书》，魏晋之后才改名为《史记》。《史记》由西汉司马迁所撰。司马迁祖上几乎都当过史官。他的父亲司马谈更是当时非常有名的史学家。司马谈的《论六家要旨》总结了春秋战国秦至汉初以来主要学派：儒、道、墨、法、名、阴阳各家思想的利弊得失，至今都还是研究先秦诸子的重要参考。

受到父亲的资助和鼓励，司马迁在很小的时候就游遍名山大川。司马迁走遍大江南北，并非只是单纯观光，而是每到一处，就访查耆老故旧，搜集当地的历史材料，并观察各地山水地理走势，以便检核书籍记载。这种形式的游览，让司马迁得以掌握最可靠的历史资料，从中开拓历史学家的眼界。由此也可看出司马谈培养司马迁的用心。

元封元年时，汉武帝决定上泰山封禅。“封禅”是向上天宣告政权正统性并取得神授君权的重要仪式，这是国家的大事，照理说身为史官的司马谈是一定要在场的，但汉武帝因故并未让司马谈参加封禅，司马谈从此郁闷成疾，没多久就溘然逝世。

司马谈临死前曾握着司马迁的手说："我们祖上是周朝的太史。在当时十分有地位，也参与过不少国家祭典。现在天子他到泰山封禅，向上天及天下百姓昭告他的政统，而我却无法同行，这是我的命！等你接下我的太史职位后，万万不可忘记我想写一本史书的愿望。你要知道所谓的孝顺，一开始是懂得孝顺长辈，之后懂得敬奉君主，直到你完全懂得孝顺的真谛，以孝立身，才算尽到孝道。能让后世知道你名字，让父母也显得光荣，就是尽孝的最高境界了。这个写史书的工作，你一定要放在心上，接续完成！"父亲的遗愿，司马迁一刻也没敢忘记。

没多久，司马迁果然如父亲预料，由皇帝指示而接替了父亲的职位。继任为太史令后，司马迁便开始动手整理史料。然而武帝天汉二年，名将李广之孙李陵主动请缨出击匈奴，由于一开始得了些战功，结果在追击敌人时轻敌被俘。武帝闻听此事，龙颜大怒，认为他丢尽了大汉朝的脸。没想到司马迁竟出面为李陵求情，结果武帝迁怒司马迁，将他判了死刑。

依照汉律，当时要减免死刑只有两条路，一是拿钱赎命，二是接受腐刑（阉刑）。但司马迁家境并不富裕，根本无力赎罪，亲友故旧见他犯了死罪，也没人给他雪中送炭。司马迁为了留下性命，完成父亲的遗志，百般无奈下只好选择腐刑。

出狱没多久，司马迁改任中书令，为了宣泄被处腐刑的不满，他倾所有精力进行写作，希望可以在写作的过程中了解人在天地中的定位、古今事物的变化、成就一门史学学问，（司马迁《报任安书》：“究天人之际、通古今之变、成一家之言。”）最后终于完成他的旷世巨作——《史记》。

司马迁的《史记》记载黄帝到汉武帝间约三千多年的史事，内容分为十二本纪、十表、八书、三十世家、七十列传，全书共一百三十篇，五十二万余字。“十二本纪”部分是全书的总提纲，采用编年体例，记载历代帝王的世系。时代远的因为详细情况较不可考，所以以朝代为主，年代近一点的则以先后继位的帝王或实际掌权者为主。“三十世家”也是采用编年体例，记述的对象则是王侯、开国功臣或具有特殊地位和影响的人物。

“七十列传”主要有两大类：一类是历史人物的传记，有专传，即一人一传；有合传，即两人以上的，记载的人物来自社会各阶层，皆按照人物性质排序。另一类列传记载的对象则是外族或国内少数民族，这些记录充分保存汉代以前中外关系和国内民族关系的史料。

至于“十表”，谱列帝王、诸侯、贵族、将相大臣的世系、官爵和重要事迹；“八书”分门别类记载历代的历法、礼乐、封禅、水利、经济等典章制度。“表”的编写，方便后人考索王公贵胄的身世事迹；“书”的记述，详细保留历代典章制度，都是《史记》很重要的部分。

司马迁的《史记》将历来史学家关注历史的焦点，从事件转移到人物身上，这样的撰史态度奠定了后来史家“以人为本”的历史视角。而《史记》中的五种体例，虽然各别都非司马迁所独创，他却能将这些体例统合成一个相互补充的整体。因此，作为第一本通史的《史记》，成了往后史书所效法的典型，其形制也为之后的正史学家所承袭采用。

《史记》一书援引资料十分丰富，剪裁又极其合宜。但让人意想不到的是原来司马迁著书只想“藏诸名山，传之其人”（司马迁《报任安书》），并没打算公开，所以除了司马家的人，书稿只有著名的讽刺文学家东方朔看过。才华洋溢的东方朔看完《史记》，盛赞不已。

司马迁死后二十几年，他的外孙杨恽因为告发霍光谋反而被封为平通侯。杨恽看到当朝政治清明，于是上书汉宣帝，把《史记》献了出来。汉宣帝知道这本书之后本来非常震怒，因为当时史官撰史，必须报请朝廷同意才行，司马迁的《史记》是私撰，犯了朝廷的大不韪。不过当宣帝读完《史记》后，认为此书论述非常公允，也没看到司马迁因为受过腐刑而在书中讲了什么诋毁朝廷的话，便同意留下这本书。

《史记》除了在史学上取得了极高的成就外，它对西汉社会各层面的记载，对当时的学科或科学都有很高的借鉴价值。以《史记·货殖列传》为例，这是第一篇专门记录商业活动的史书文章。该篇揭示了司马迁的经济思想，如善因人性、产业多元、自由经济等。司马迁也在《货殖列传》中提出经营事业的具体方针，如因地制宜、降低成本、预测景气、广设据点、结交权贵等看法。诸如此种商业思想，对后来中国经济活动的蓬勃与发展，不能说没有贡献。

在叙事方面，司马迁在书中所运用的语言词汇十分丰富，遣词用句也非常精准，具有高度概括性和形象性。大量使用民间口语和通俗谚语，将书中所载不同阶层人物的性格和面貌，刻画得淋漓尽致。因此，《史记》也成为后代散文家学习的对象。其中所描绘的动人故事，更屡屡成为戏曲和小说的取材来源。

若想对《史记》进行深入研究，《史记三家注》收有司马贞、张守节、裴骃的研究心得，具有很高的参考价值。另外日人泷川龟太郎的《史记会注考证》取清人考证八十四种、日人考证十八种会注而成（会注即集注，集合诸家的考证和注解），资料丰富，可备一参。但若只是对其中历史故事有兴趣，取图文并茂的纪江红《史记经典故事》来读便绰绰有余。

接力完成的《汉书》

《史记》完成后，不少有识之士曾为之续作，西汉的扬雄、刘向、刘歆都有续作，不过成就怎么也高不过司马迁。后来东汉著名史学家班彪参考了这些续作的史料，折中各家说法，写成《太史公书后传》六十五篇。但这本不算成书的《太史公书后传》还没扩充完成，班彪就死了。

班彪死后，儿子班固接手父亲的工作，将该书予以补足。但是班固这样的举动等同是私修国史，在当时是不被朝廷允许的，加上班固放纵家仆四处惹事，得罪的人不少，因而被仇家一状告上朝廷。所幸弟弟班超及时为他说情，加上汉明帝十分欣赏他的工作成果，不但没有怪罪他，还命他任职兰台令继续修撰此书。

东汉和帝永元元年，班固跟随窦宪大军出征，大破匈奴。但到永元四年时，窦宪失势，郁愤自杀，班固跟着受到牵连，个性高调的班固没多久就遭仇人构陷，死于狱中。当时《汉书》手稿还缺“表”及“天文志”，汉和帝便下诏，让有着相同家学渊源的班固之妹班昭接续完成该书。只是没想到《汉书》就好像被诅咒了一般，班昭接手班固的工作没多久，竟也辞世，最后未完成的部分只得由班昭的门人马续予以补成。《汉书》的编写，就像田径接力赛跑一样，一棒传一棒，先是从班彪起头，班固接手，班昭续写，最后由马续补成。

《汉书》在写作上沿袭《史记》的体例，为十二纪、八表、十志、七十传，共一百篇，一百二十卷。改《史记》的“书”为“志”，改“列传”为“传”，改“本纪”为“纪”，没有“世家”。之所以改“书”为“志”（记录的意思），主要是因为《汉书》书名中已有“书”字，为了怕内容与书名相混淆才有此更改。《汉书》以后，这样的分法便成为纪传体史书的基本体例。不过《汉书》所记载历史，上起汉高祖元年，下至王莽新朝地皇四年，仅有西汉一代，它也就成为第一本断代性质的纪传体史书。

自秦汉以来，中国为君主集权，本朝人为了性命着想，往往不敢直接评论本朝政治。而断代史因为前朝已亡，评述前朝政事，就没有这一层顾虑。所以《汉书》一出，此后正史的撰著者都以朝代为史书的时间断限。

《汉书》继承了《史记》纪传体的优点。与《史记》相较，《汉书》更扩大了历史研究的领域。譬如《汉书》十志中，《食货志》为经济制度与社会生产状况之间的关联性保留了丰富的史料；《沟洫志》系统地叙述了秦末西汉两代的水利建设；《地理志》是中国第一个以疆域政区为主题的地理作品，开创后代正史地理志及地理学史的研究；而《艺文志》讨论的是古代学术思想的源流派别与其优缺点，是关于古代文化史的珍贵资料。

同时，班固在《艺文志》里也参考采用了刘歆《七略》的分法，将中国学术著作予以分类，这为中国的目录学发展奠下了良好的根基。而十志所记载的政治、经济和思想文化资料，十分详尽。后来正史中的志，大抵也都以《汉书》此一体裁为依归。书志体也成为后来的制度史如唐人杜佑的《通典》、南宋郑樵的《通志》和元人马端临的《文献通考》所模仿。

西汉初年，黄老治术盛行。到了汉武帝时，儒者董仲舒用阴阳家的思想重新包装儒家，促成武帝罢黜百家，独尊儒术。班固等人接力完成的《汉书》，受到这股思潮的影响，天人感应、五德终始等观点充斥全书，大肆宣扬西汉帝王受命于天的政治正当性，并以儒家思想作为评断历史事件的是非标准。这种写作态度多少受到《汉书》由私修转为官修的影响，且为后来的官修正史所仿效，影响了中国史书的编纂。此外，《汉书》通书使用华丽的文辞，并不时夹有骈文偶句，对东汉魏晋以后的骈文风气起了推波助澜的作用。

若想直接读原书，唐人颜师古的注最利于初学。想进行深度阅读，今人张傧生的《汉书著述目录考》便于按图索骥。清人钱大昭《汉书辨疑》专于六书训诂、今人陈直《汉书新证》对书中的历史悬疑有所推敲，均可供参考。

《资治通鉴》与《史记》比一比

书名	《资治通鉴》	《史记》
作者	宋·司马光	汉·司马迁
起讫	战国至五代	黄帝至汉武帝太初
年数	上下一千三百六十二年	上下二千五百年
卷数	二百九十四	一百三十
体例	编年体通史	纪传体通史
注疏	宋末元初·胡三省注	南朝宋·裴骃集解，唐·张守节正义，唐·司马贞索隐

《史记》与《汉书》比一比

书名	《史记》	《汉书》
作者	司马迁	班彪、班固、班昭、马续（以班固为主）
起讫	黄帝至汉武帝太初	汉高祖至王莽被诛
年数	上下二千五百年	二百二十九年
卷数	一百三十	一百
内容	本纪、世家、列传、书、表	纪、表、志、传

续表

书名	《史记》	《汉书》
地位	通史之祖	断代史之祖
体例	纪传体	纪传体
特色	雄深雅健，善叙事理	文字精练，叙事详密
注疏	南朝宋·裴骃集解，唐·张守节正义，唐·司马贞索隐	唐·颜师古注，清·王先谦补注

命运多舛的《后汉书》

《后汉书》的作者范晔是南朝宋著名的史学家、文学家。范晔是侧室生的庶子，据说他母亲在如厕时生下了他，生产过程中不小心碰伤了他的头，所以他有个小名叫“砖”。不晓得是不是这么一碰，碰出了他的才华，范晔年轻的时候就很会写文章。不只是创作，范晔也提出许多不错的文学见解，他说：“以意为主，以文传意。”（《宋书·范晔传》）文学要传达的是一种意境，而优美的辞章正是这意境的适当载具。这样的文学主张在只讲究形式之美的六朝骈偶文风中是很难得的。

除了提出“以文传意”的主张，范晔同时也是南朝文坛中少数注意到声律问题的文学家。他在《后汉书·文苑传·赞》

和《狱中与诸甥侄书》中提到文学先质后文（要先有内容，再来讲究写作时所用上的文采），此外还要兼重音律。虽然范晔的文章都十分重视济世及人道功能，但由于他力求句子的工整与韵律和谐，喜欢在文章里夹用典故，这样的创作方式反倒开启了南朝齐梁之后骈体文的风气。

范晔是士族之后，因为身家背景，加上本身学问也不错，他做过不少官。但不知是不是因为出身庶子的自卑心理作祟，他的个性特别傲慢和桀骜不驯，当他担任彭城王刘义康的参军时，太妃亡身，伤悲气氛笼罩全城，范晔竟然酣饮一整个晚上，甚至忘情到打开窗户，以听挽歌为乐。此举惹恼了彭城王，于是范晔被谪迁宣城太守。

任宣城太守时，大概是遭贬谪而心里不舒服，范晔发愤搜集了魏晋以来各家关于东汉史实的著作，去芜存菁，并加以充缺补略。他所选取的史事，上起光武帝，下至汉献帝为止，总共完成了《后汉书》的十纪和八十列传。除了纪和列传，他另外还请谢俨帮忙写“志”。不料范晔的老东家刘义康官场失势，为图东山再起，竟意图谋反，还强拉范晔入伙。但刘义康这派毕竟是人单势孤，没多久东窗事发，一干叛党，包括范晔皆被捕下狱。

得到消息的谢俨怕被株连牵累，赶紧毁掉范晔请他帮忙写的“志”稿，此举造成了《后汉书》书稿的残缺。到了南朝梁，刘昭把西晋人司马彪《续汉书》中的八志共三十卷与范晔的旧稿合而为一，南宋人熊方再补上年表十卷，《后汉书》才算齐全了，这也是今天所见到的《后汉书》本子。

《后汉书》的纪、传，刻画人物十分真切，故事也描写得非常感人。其中脍炙人口的名篇有《班超传》《张衡传》《范滂传》等。以《张衡传》为例，该传生动地写到张衡年轻有文名却淡泊名利，他利用科学头脑，制造精密仪器——候风地动仪，准确监测远在千里之外的地震，让人惊叹。虽然一路仕途顺遂，却懂得居安思危，他离开京师去担任河间王相国，短时间之内，就把当地官商勾结的腐败予以惩治和清理，之后审时度势，急流勇退，告老还乡，专事著作，让人不得不敬仰他豁达的人生智慧。

此外，《后汉书》又在纪、传中收录大量重要人物的政论和辞赋作品，这种收录方法让《后汉书》发挥了文章总集的作用。除了在纪、传中收录政论辞赋外，范晔还另立《文苑传》。这固然是因为范晔本身就是文学家，所以对文学相当重视，但同时东汉文学创作的风潮已经相当盛行，文学作家和作品的数量足以和经、史、子等作品相抗衡，范晔的《文苑传》水到渠成，此传也成为后来史家承袭的体例了。

除了《文苑传》，范晔还首创《列女传》的体例。《列女传》主要记载历史上杰出女子的生平事迹，愿意承认这些女子的才华并将其故事收录于史书，这在男尊女卑的古代社会中是很难能可贵的。

范晔的特别之处还不只他重视文学、收录女杰这些方面，在充满鬼神迷信的古代中国，范晔是个敢犯众怒的无神论者。在《后汉书》里，他的史评猛烈抨击佛教，并且严厉批判了笃信佛教的汉桓帝。除了反佛，范晔也反对天命的说法，他认为天的运行和人的命运，古今聪明绝顶的圣人都还不能说得清楚，更何况那些只会随意猜测，专讲命运而否定一切人事努力的人呢？在他眼中，天道的运行和人事的祸福并无绝对关联。他相信在人事上努力更胜于去迎合谄媚所谓的天道。从这几个方面来看，范晔的识见是非常卓绝的。

研读《后汉书》，有几本重要的注疏可资参详，例如唐朝章怀太子的注，征引广博，解释字句时简洁明白，是第一当读的《后汉书》注；另外清人惠栋的《后汉书补注》搜补材料十分广泛，可补充太子注的不足；清人王先谦的《后汉书集解》更加征引古说，也是读《后汉书》时很好的参考。

《三国志》不是《三国演义》

《三国志》作者陈寿是巴西郡安汉人，年轻时就非常勤学，并且拜蜀地当时的大儒者谯周为老师，因此打下扎实的学问底子。因为地缘的关系，在刘备进入巴蜀称帝后，陈寿在蜀汉担任观阁令史。不过当时蜀汉的朝政被权宦黄皓把持着，陈寿不愿意巴结黄皓，所以仕途并不顺遂。

蜀汉亡于曹魏之手，而晋又代魏而起。晋人司空张华本身对文艺创作非常有兴趣，还编写了一本包罗万象的《博物志》，所以他对学问好的陈寿惺惺相惜，还以孝廉之名义推举他，授佐著作郎官职，并让他出任阳平令。

在担任阳平令期间，陈寿收集诸葛亮的作品，编撰了《蜀相诸葛亮集》，正因为编了这本书，展现他的才华，没多久便被拔擢为著作郎。在著作郎的位子上，陈寿开始致力收集魏、吴、蜀三国的史料。

其实在陈寿整理三国史料之前，已经有三国魏人王沈的《魏书》、鱼豢的《魏略》、三国吴人韦昭（曜）的《吴书》流传于世，这三本书先一步整理了魏、吴二国的史料，为陈寿编史奠下很好的基础。不过当时只有一本关于蜀国历史的专书著作——谯周的《蜀本纪》，所以陈寿在搜集蜀地史料上特别花了力气，但也只撰写了十五卷，和其他二国合计五十卷比起来，篇幅算是少的了。《三国志》一开始是以《魏书》《蜀书》《吴书》三本书分别流传，一直到北宋才有人将三本书合刊为一，书名也才改作《三国志》。

《三国志》记载的历史自东汉末年的黄巾之乱开始，直到西晋统一三国为止，一共九十多年的历史。全书原本有四部分，六十六卷，分别是《魏书》三十卷、《蜀书》十五卷、《吴书》二十卷、叙录一卷，后来叙录佚失，所以现在看到的《三国志》只有六十五卷。

陈寿因为之后受到晋朝重用，为了表示晋拥有政治的合法统治权，所以在撰史的立场上选择以被迫禅让帝位给晋的曹魏为正统。也因此，陈寿在写作的过程中，对曹魏或晋朝的相关史实多有回护，例如著名的学者孔融被曹操诬加重大罪名而处死，陈寿就略而不记，晋武帝司马炎的祖父司马懿、伯父司马师、父亲司马昭虽对晋朝开国做出很大的贡献，但他们对曹魏其实存有二心，陈寿担心写他们的传会记录下他们不忠的事实，便未替此三人立传。

由于陈寿毕竟在蜀汉当过官，对蜀汉的基本尊重也反映在他的写作当中。如对刘备的传不直称名讳，而立篇名为《先主传》，刘备死时则使用与帝王之“崩”字相当的“殂”字叙述。另外关于刘备称王、称帝、治丧等相关文告皆有详细记载，不像对曹魏那般简略。陈寿为蜀汉第二任皇帝刘禅立的传也称《后主传》，不直称名讳。这和他在《吴书》里用吴帝名讳当作篇名的态度而言，是大相径庭的。

不过虽然《三国志》书名里有个“志”字，但全书只有人物本纪和列传，没有任何与地理、经济、典章制度等相关的志书或表，这也是后人最批评《三国志》的地方。另外在为诸葛亮立传时，陈寿叙述诸葛亮是“将略非长，无应敌之才”。有人认为这是因为陈寿的父亲担任马谡的参军，在马谡失守街亭时被牵连受了髡刑——剃掉头发，使受刑人感到羞辱，陈寿怀恨在心的缘故。这类夹杂个人情感因素而牵动撰史态度的例子并不少。综合《三国志》对于魏、晋的曲笔回护，使得《三国志》的历史客观性受到质疑，可以说是该书的缺点。

不过陈寿毕竟治学严谨，对可疑的史料多半弃而不用，因此《三国志》内容算得上很精审，虽然有上文所说的缺点，也是瑕不掩瑜。因此《三国志》一著成，在当时就已经流传很广，并获得很高的评价，也为陈寿赚进颇高的文名。其实在同时期，夏侯湛也著有《魏书》流传于世，不过当他看过陈寿的《三国志》后自叹不如，还销毁了自己的作品。

南朝时，宋文帝认为《三国志》的记载太过简略，便诏令裴松之为此书作注。这也是因为到了南朝，整理者日多，三国史料不像陈寿著书时那般捉襟见肘。裴松之所参考的史料，确实可考的就有二百多种。裴注的考据功夫虽然没有超过陈寿，但裴松之的注文替三国历史保留了大量史料，对后来三国历史研究的贡献不在陈寿之下。

《三国志》除了保留重要的三国史料外，最特别的是在《魏书·倭人传》中对邻国日本作了约两千多字的简单记录，这是目前所知研究古代日本极重要的史料之一，而《三国志》所载群雄蜂起、诸强争霸过程中尔虞我诈的故事，也变成后世戏曲、小说重要的取材来源，例如元代罗贯中在民间传说、话本、戏曲的基础上，依据《三国志》及注所写成的小说《三国志通俗演义》，采取“七实三虚”的笔法，大肆渲染历史人物的能耐，并以“教忠教孝”“仁爱节义”为叙事的基调，风行民间数百年，对民间的影响甚至远远高过《三国志》。

举例来说，《三国志》记载关羽下邳战败降曹，但并未详论。而《三国演义》写到关羽降曹是为了保全两位皇嫂。在曹操那里除了尽力避免叔嫂之嫌外，还回绝曹操礼遇他所赏赐的金银珠宝，更向曹操明志，表示此生只会追随大哥刘备。从这里可以看出罗贯中为了发扬传统道德观，给关羽塑造出忠孝节义形象的文学手段。

若对《三国志》有兴趣，苏渊雷主编的《三国志今注今译》内容浅白易读。若想再进一步研究，卢弼汇集历代学者对《三国志》及注所做的注释、版本校勘和考证，连同卢弼本人的注释编纂成书的《三国志集解》，是基本参考书。

司马迁在父亲的期待之下完成烁古震今的《史记》,《史记》不单单是一本通史，它也为纪传体史书奠下稳固的基础。随后班彪一家的《汉书》后出转精，《汉书》的断代性质也成为正史既定的撰写模式，骈偶文笔甚至推波了六朝华丽文风。再后来的《后汉书》和《三国志》，所取得的史学成就，更加稳定了纪传体史书在官修正史中的神圣地位。前四史为纪传体在官修体系中挣得了好大一片天空，影响深远。

其他历代正史简述

《史记》《汉书》《后汉书》和《三国志》为后来的史学家立下典范，加上它们是集个人或极少数人之力私修后经官方承认或官修的正史，成果斐然，合称“前四史”。

在“前四史”之后，历朝历代皆编修有正史，但限于篇幅，不能一一详叙，以下制作一图表略述之：

二十四史、二十五史、二十六史是哪些史书?

	史书名	卷数	著书时代	主要作者	作者身份	特色
1	《史记》	一三〇	西汉	司马迁	私修	体大思精，为纪传体之祖、西汉散文代表
2	《汉书》	一〇〇	东汉	班固	私修	文采华丽，记事详瞻，为断代史之祖
3	《后汉书》	一二〇	南朝宋	范晔	私修	兼采众善，取舍精审
4	《三国志》	六五	西晋	陈寿	私修	文笔精简，叙述清晰
5	《晋书》	一三〇	唐	房玄龄	官修	首本集众人之力、采丽辞奇句之史书
6	《宋书》	一〇〇	南朝梁	沈约	奉命私修	繁简失当，为多南朝齐、宋回护
7	《南齐书》	五九	南朝梁	萧子显	私修	直书无隐，不失是非之公允
8	《梁书》	五六	唐	姚思廉	奉命私修	记事翔实，行文拜托浮艳文风
9	《陈书》	三六	唐	姚思廉	奉命私修	言论精当，可惜行文仍多避讳
10	《魏书》	一三〇	北齐	魏收	奉命私修	以史笔酬恩报仇，被认为秽史
11	《北齐书》	五〇	唐	李百药	奉命私修	是后人补全，因而体例不一
12	《周书》	五〇	唐	令狐德棻	奉命私修	文笔遒劲直透纸背，可惜今本残缺不全
13	《南史》	八〇	唐	李延寿	奉命私修	叙事简明且少回护，被评为佳史

续表

	史书名	卷数	著书时代	主要作者	作者身份	特色
14	《北史》	一〇〇	唐	李延寿	奉命私修	纠正前朝曲护史笔，史例允当
15	《隋书》	八五	唐	魏徵	官修	成于众手，彼此抵牾，但文笔谨净
16	《旧唐书》	二〇〇	后晋	刘昫	官修	穆宗以前叙事详明，穆宗以后资料重出回护者多
17	《新唐书》	二二五	宋	欧阳修、宋祁	官修私修	纠正《旧唐书》并删落骈体旧文
18	《旧五代史》	一五〇	宋	薛居正	官修	取材丰富，惜未纠正实录中之曲笔
19	《新五代史》	七四	宋	欧阳修	私修	以《春秋》笔法撰史，但删落史料过多
20	《宋史》	四九六	元	脱脱	官修	妄加回护，立传失当而繁杂
21	《辽史》	一一六	元	脱脱	官修	潦草成篇，内容简略
22	《金史》	一三五	元	脱脱	官修	叙事翔实，笔力洁净
23	《元史》	二一〇	明	宋濂	官修	错误之处实多
24	《明史》	三三二	清	张廷玉	官修	审慎考订，体例得当
25	《新元史》	二五七	民国	柯劭忞	私修	考证确实，体例谨严
26	《清史稿》	五二九	民国	赵尔巽	官修	成于众手，未经校对，错误时见

上表《明史》以前（包括《明史》），连同“前四史”，合称“二十四史”，加入《新元史》后称作“二十五史”。清末民初袁世凯掌权，成立清史馆，以赵尔巽为馆长，柯劭忞为总编，进行“清史稿”的编撰，一九二八年付印后发行。“二十五史”加上《清史稿》，合称“二十六史”。而《宋史》《元史》《明史》及《清史稿》四部最靠近现代的史书，合称作“后四史”。著名历史小说家二月河所写的一系列历史小说如《康熙大帝》《雍正皇帝》及《乾隆皇帝》等，写得扣人心弦，翻拍成电视连续剧，广受欢迎。据说他是利用在部队的十年时间，读完了“二十四史”与《老子》《庄子》等书。

正史怎么读？张景博、黄筱兰《国学问答》提出的方法可以参考：其一，就书而摘——“四史”在学术界的势力，与六经诸子不相上下；《明史》公认是官修史书中最佳者，皆宜摘读。其二，就事分类而摘读志——研究经济，可读《平准书》《食货志》；研究学术史，可读《艺文志》《经籍志》。其三，就人分类而摘读传——如想要了解学者，可读《儒林传》，想要效法文人，可读《文苑传》等。

三、史书版《一千零一夜》
——纪事本末体

史学作品中，“纪事本末体”是和“纪传体”及“编年体”鼎足而立的体裁，南宋人袁枢的《通鉴纪事本末》是这种史书体裁的创始人。纪事本末体不同于纪传体的以人物为主或编年体的以时间为主，而是属于一种以“事”为主的史书编写方式。此种体裁的史书将历史事件一一独立，特别让跨越时间度比较长的史事得以完整记录下来，可读性非常强。短时间的史事或许还容易整理，但横跨数十年的史事，有如那漫长不绝的一千零一夜故事一般，纪事本末体仍有办法首尾相顾地将它详细记录，这是它的优越之处。

善抄书者的杰作——《通鉴纪事本末》

《通鉴纪事本末》作者袁枢是南宋人，虽然袁枢三十几岁才中进士，但他的学识非常渊博。并且和当时著名的学者如朱熹、吕祖谦及杨万里等往来论学。在他任职国史院编修的这段时间，主要负责修撰国史的列传部分，这也为他打下坚实的史学基础。

袁枢本来并没有打算写《通鉴纪事本末》，但在严州任职期间，翻读《资治通鉴》时，感觉到书中所记的各项史事被分散记录在各个纪年中。因为这样的写作方式无法呈现出单一史事的完整面貌，对于理解历史事件来说是很大的困扰。所以袁枢就根据司马光书中所记史事的性质，加以分门别类。他的做法是以事件的关键词作为标题，详细地自司马光书中摘录下该事件的完整始末。同门类的事件则以发生时间的先后来排序，最后终于抄写成《通鉴纪事本末》一书。这种抄写成书的做法，类似于某些追星族或粉丝努力从报章杂志上，收录自己欣赏明星的所有相关剪报，最后剪贴成一本某明星的“星路历程”或“传记”。

《通鉴纪事本末》的文字较少掺杂袁枢的看法，几乎全部抄自司马光的《资治通鉴》原文。《通鉴纪事本末》全书共记载二百三十九个历史事件，另外还有附录六十六件，所记史事始于《三家分晋》，终于《周世宗之征淮南》。为了方便检索与阅读，全书再大分成“战国至秦”“两汉”“魏晋南北朝”和“隋唐五代”四大部分，另外还编撰有《通鉴纲目》，所以总共是五大部分，计四十二卷。

比较特别的是《通鉴纪事本末》并不采用官修正史《三国志》的立场，而以蜀汉为正统。因为此书和《资治通鉴》一样，有强烈的正统观念。两汉以刘氏为正统，蜀汉为“刘皇叔”——刘备所建立，自然也就被尊为正统了。由于《通鉴纪事本末》抄自《资治通鉴》，所以后者所有的缺点，前者也有，例如《资治通鉴》记的是和政治与军事相关的事件，其他如经济或文学几乎付之阙如，《通鉴纪事本末》也有这样所收史料轻重失衡的问题，这类缺点无可避免，但也不能全算在袁枢头上。

因为《资治通鉴》的编撰宗旨在“穷探治乱之迹”，所以对乱世的历史记载特别详尽。《通鉴纪事本末》受到取材的影响，造成全书所采用史事标题，一半以上都是乱世。反映在同个朝代中，各朝代开国和亡国时的史事标题就很多，但中间政清人和时期的便少，造成每个朝代记事上头尾大而中间小的情况。史学家钱穆《中国史学名著》就曾针对这个缺点提出过批评：“有了一头，有了一尾，没有中段。”

虽然如此，《通鉴纪事本末》对于“纪事本末体”的创立居功厥伟。以此种体载记录历史，可以避免掉纪传体重复记事及编年体裂解史事的缺点。加上它以事件作为标题，为读者省去不少在茫茫书海中检索某事件的时间。于是，此一体裁便与“纪传体”“编年体”二类鼎足而立，后世史家纷纷起而仿效。

若要研读《通鉴纪事本末》，沈志华主编的《文白对照全译通鉴纪事本末》最易使用。至于柏杨的《柏杨版通鉴纪事本末》，用力极深。柏杨曾形容自己十年来的写作生活就像在“劳改营”中一样。柏杨在跋中提到个中辛劳时说：“平均下来，我每个月至少都要阅读四万字左右的文言文（包括标点和批注）原文，写出七万五千字左右的初稿，和交出十五万字左右的校稿，以及所必需的地图、附录，和《通鉴广场》。十年如一日，没有星期天，没有例假日；没有阴，没有晴……”柏书将传统纪年转换为公元纪年、在古地名之后夹注今地名，并附有大量地图、古今官职名称谓对照，还证补了史事缺漏，是阅读通鉴系列史书的第一推荐参考书。

四、不严谨但史料全
——杂史

杂史指的是记载一事始末、一时见闻或一家私记的史书。这类史书其所记录的事件都带有历史掌故的性质，而且绝大部分是私人撰写。“杂史”的名称始于《隋书·经籍志》，而《四库全书总目·史部·杂史类叙》在讨论杂史的著录标准时提到：“大抵取其事系庙堂，语关军国，或但具一事之始末，非一代之全编；或但述一时之见闻，只一家之私记。”虽然杂史讲的还是军国大事，但只是把几件事前后叙述完整便了事，并不像一般史书以朝代为撰作单位。同时内容也未必精审，有些甚至是听说来的小道消息。

“杂史”所选采的历史事件，在时间及事件的完整性方面，没有那么严谨。但换个角度来看，因为杂史的写作限制较少，所以不符合其他体制的史料就比较容易被收进来。目录学“杂史”类中所收的书籍，要数具有国别史性质的《国语》和《战国策》最为有名。

左丘失明，厥有《国语》

《国语》讲的是周朝王室和鲁、齐、晋、郑、楚、吴、越八个诸侯国的历史。由于《国语》记事是以国别为分类条件，所以它也是国别史的一种。《国语》所记史事，上自周穆王十二年西征犬戎开始，下迄韩、赵、魏三家灭智伯为止。今传《国语》有二十一篇。

关于《国语》的作者是谁，自古至今学界有许多争论。司马迁在《史记》中提到《国语》的作者，他说：“左丘失明，厥有《国语》。”后来的人多半继续沿用司马迁的说法。由于据传《国语》是左丘明所著，其内容又有一些是《春秋》和《左传》所无，因此有人就称它《春秋外传》或《左氏外传》。

不过到了晋朝以后，许多学者都怀疑《国语》并非左丘明所著。例如两书的文笔风格不同、文法语汇不同，二者所载的史实有时矛盾或重复等，从这些细节来看，左丘明撰著《国语》的可能性就不高了。目前对于《国语》作者的普遍看法是，并非一人所作，而是由战国初期一些熟稔各国历史的人，根据当时周王室与各诸侯国的史料，再经过整理加工编纂而成。

《国语》内容包括各国贵族之间朝聘、宴飨、讽谏、辩说、应对之辞以及部分历史事件与传说，对研究先秦历史而言非常重要。因为《国语》记录历史人物的言论与对话，文字自然贴近当时的日常口语。这些对话又来自说客或策士的劝进、对君王贵族的游说，为了让自己的主张得到肯定，讲话的人往往使用大量的譬喻和寓言，内容或寄寓讽喻，或具有深刻的人生道理，趣味性很高。

以《晋语八》“叔向贺贫”为例，文中写韩宣子觉得自己贫困得要命，叔向反而祝贺他。韩宣子不懂叔向的用意，于是叔向对他解释说：“当年栾武子虽然贫困但有德行，他的国家因他的不贪而政局稳定，他的子孙也因他的功绩而蒙受余荫；反观郤昭子虽然很有钱，但是个缺德小人，结果很快就招致杀身之祸，他的宗亲也受到牵连，这不是很悲哀的事吗？”韩宣子一听觉得很有道理。《晋语八》用活泼的对话记下韩宣子与叔向的对话，读来平易近人。

此外，《晋语四》记载晋公子重耳在齐国流亡，其中也有一段饶富兴味的对话。由于重耳在齐国的招待下日渐失志，他的妻子齐姜与随臣子犯认为再这么下去重耳就毁了。于是两人趁机将他灌醉，载离齐国。没想到重耳酒醒后，拿起兵器就要赶走子犯，还怒气冲天地说："若无所济，吾食舅氏（指子犯）之肉，其知餍乎！"意思是："如果离开齐国而让我饿了肚子，我就先吃你的肉！"没想到子犯的回话更绝："若无所济，余未知死所，谁能与豺狼争食？若克有成，公子无亦晋之柔嘉，是以甘食。偃之肉腥臊，将焉用之？"意思是："到了会饿肚子的时候，我们都不晓得死在哪里了呢！到时你还能跟豺狼争抢我的肉吗？但是如果能离开齐国度过艰困，最后顺利回到晋国即位，到时能吃的山珍美味可多了，你还会想吃我的臭肉吗？"重耳抓狂讲的气话、子犯机灵的幽默反应，让人看了拍案叫绝。这番对话看似耍嘴皮子，其实也展现了高度的情商。

除了叙事方面的优越表现，在思想上，《国语》尊礼崇德、敬神重民，多方兼顾，没有偏废。尤其书中常传达反对专制与重视民意的民本思想，十分难能可贵。但由于史料来源不一，《国语》的内容颇为庞杂，加上作者既非一人，各篇作品写定的时间也有早晚，全书的写作风格有些差异。

《国语》不以记事而以记言见长，兴味性和可读性很高，想读《国语》，可选择三国吴人韦昭（曜）的《国语注》，年代最早也最简洁。另外近人徐元诰《国语集解》将清人的注释几乎全部收入，也可参照。

为战国定名的《战国策》

《战国策》和《国语》一样是杂史大类中的国别史书，采用的也是记言体。全书依照东周、西周、秦、齐、楚、赵、魏、韩、燕、宋、卫、中山国顺序编写，总共有十一策，三十三卷，四百余篇。书中所记，上迄春秋以后，下至高渐离企图以筑暗杀秦始皇为止。《战国策》叙事和止于智伯被灭的《国语》基本上能够衔接，内容主要记录战国游说之士的策谋和言论。

《战国策》一开始有《国策》《国事》《事语》《短长》《长书》《修书》等名称。西汉末刘向在整理秘府藏书时，曾针对此书进行编定。除去整理《战国策》的刘向，真正写作《战国策》的作者身份并不明朗，比较有共识的是该书应该不是一时一人所作，刘向称不上作者，而是该书的校订者和编订者。

《战国策》记录的多半是东周后期流窜各国的纵横家，他们为了推销、贩卖自己的政治主张和外交策略所留下的言论，因此刘向才将这本书命名为《战国策》，《战国策》的书名大概是在这之后确定下来的。也因为这本书的书名，书中所记的历史时期被史家称为战国时代。《战国策》流传到北宋出现了缺篇，当时曾巩对它进行订补，大致就是现今的传本。

史学上，《战国策》的内容反映了该时代的社会面貌和知识分子的精神水平。同时也详细记录下当时纵横家的言行举止，向后人展示了他们的才华和机智。另外书中也描述部分义士德者的人生风采，上述种种，也深刻影响了司马迁纪传体史书《史记》的写作。

除了史学价值，《战国策》的文学成就很突出，尤其在人物形象的刻画、语言文字的运用、寓言故事的阐发等方面，都具有卓越的艺术特色。书中所记的策士说辞，便常运用生动的寓言故事。例如苏代为了燕国去劝说赵国不要伐燕，用了“鹬蚌相争，渔翁得利”的寓言，赵惠王听了，生怕攻打燕国的过程中国内空虚，给秦国可乘之机，便停止伐燕的念头。陈轸担任齐国的使者，前往楚国去见大将昭阳，并劝他攻下魏国八座城池后不要再续攻齐国，以免功高震主，他举了“画蛇添足”的故事，成功劝退昭阳。《战国策》书中这类言论和寓言，不胜枚举，寓意深刻，又简单易懂。许多叙事既有哲理，又巧妙地写下时人的言行举止，文学手法高明。

此外，《战国策》的内容以纵横家为主轴，其中也掺杂不同学派的思想。只要是该学说对劝讽有利、对推销想法有帮助，全都纳为己用，这反映出当时思想活跃、文化多元的气氛。在其中也能看出过去还勉强受人尊敬的仁义礼信，到这时代已经完全遭到漠视，而那些活跃在各国之间的策士、谋略家，也只是出卖自己的才智，向合适的诸侯买主换取功名利禄，朝秦而暮楚，不足为奇。

历来《战国策》的研究者无不盛赞它的文学价值，但是讨论它思想的却是少之又少。这大概是因为它的主轴思想与后世强调忠信的儒家思想不符所致。关于《战国策》的研究，要以东汉高诱的注最早。现代人若想阅读它，王守谦《战国策全译》或朱友华《战国策选译》，这类译本是可以考虑的选择。

《国语》与《战国策》比一比

书名	《国语》	《战国策》
作者	左丘明	非一人之作（刘向编）
时代	春秋	战国
体例	国别史之祖	国别史
记载	周、鲁、齐、晋、郑、楚、吴、越	韩、赵、魏、齐、楚、燕、秦、东西周、宋、卫、中山
别名	春秋外传	国策、国事、短长、修书、长书、事语
注疏	三国吴·韦昭（曜）	东汉·高诱

五、古代档案室的公文书
——政书

“政书”，广义地说就是搜集整理或记载政府公文书的一种史书体裁；狭义地说则指专门记录政府典章制度的书籍。后者依通史或断代性质不同还可以分成两类：通史性质的多半取名为“通典”“通志”或“通考”；断代性质的则多半取名为“会要”。用现代的话来说，政书收录的就是政府收纳在各单位档案室的公文书。只不过能收入政书的，一是社会影响层面较高的，二是兼具文学或哲学价值的。

《尚书》不是断烂朝报

《尚书》在传统的看法里是归入经书之列，因为它记载上古虞、夏、商、周四代具有言行典范、施政参考价值的史事。但若从广义的“政书”角度来看，《尚书》也算是“政书”的一种。

《尚书》原称《书》。“尚”即“上”，将《书》称作《尚书》是因为一来它是“上”古之书，二来因为内容几乎都是“上”位者所言、所为之事，应该崇“尚”而重视，所以才称作《尚书》。因为它有着言行典范、施政参考的价值，汉代之后，《尚书》列入儒家经典，因而称作《书经》。《尚书》是目前所知，中国所存最早的史书。不过它的成书时代太过久远，目前仅知是史官所写，孔子曾对它做过整理删削（《汉书·艺文志》），而作者的确切身份现在已经不是很清楚了。

秦始皇坑儒焚书时，想要尽毁天下图书，仅留少数实用的书籍。秦朝博士伏生（胜）为了保存珍贵典籍，就将《尚书》夹藏在墙壁当中。后来群雄抗秦，烽火四起，等到天下局势大致安定下来的时候，伏生（胜）取出他所夹藏的《尚书》，发现只剩下二十九篇了。朝廷知道伏生（胜）懂得《尚书》，赶紧派晁错去听他（当时已九十多岁）讲课。晁错后来将听讲的成果用当时的官方文字“隶书”记录下来，这个版本的《尚书》就叫“今文《尚书》”。后来张霸将《尚书》的二十九篇重新整合，又以《左传》《尚书序》为首尾，拆解成一百〇二篇，这个版本的《尚书》，史称“一百〇二篇尚书”。不过经过张霸这么一混拼，它的内容就不纯粹了。

除了今文《尚书》，另外也有古文《尚书》。西汉景帝时，鲁恭王为了扩充居所，拆毁孔子旧宅，在墙壁里发现了以古文写的经传，其中便有《书》。鲁恭王对此心生肃敬，不仅不再继续拆屋，并且将这些经籍还给孔子的后人孔安国。孔安国取得这本子，与官方已有的今文《尚书》二十九篇对照，发现多出十六篇，双方互有出入的异文竟高达七百多处。后来武帝时，孔安国将此本《尚书》献给了官方馆藏，可惜无人闻问，一直到刘向在整理秘府（皇家图书馆）藏书时才发现了它，因为它是用先秦古文字写成的，所以就称作“古文《尚书》”。

西汉哀帝时，刘歆在对比诸种古文和今文经书后，认为古文经书较佳，这引起了古文和今文拥护者之间的大论战。稍后今文经典受到官方拥护，而古文经典则流行于民间。西晋永嘉之乱，政府所藏的图书因战火而遭到严重损毁，导致今文《尚书》全数失传。东晋元帝时，梅赜所献书籍中有五十八篇据称传自于孔安国的古文《尚书》。到了唐代，朝廷还以它为官方版本，孔颖达也依此注成《尚书正义》，并刻入开成石经中（“开成”是当时的年号），成为考取功名的“教科书”之一，供天下的读书人传抄。

但从宋朝开始，吴棫、朱熹等人对于梅赜所献的《尚书》产生怀疑。清代阎若璩《古文尚书疏证》举出一百二十八条充分证据，认定梅赜所献《尚书》比伏生（胜）所传多出的二十几篇是后世伪作，其余三十几篇真伪掺杂，于是到现在所看得到的通行本《尚书》中，那二十几篇伪书就被称作伪古文《尚书》了。

《尚书》记载了夏、商、周三代的史事、帝王的嘉言懿行、古代山川名物、典章制度及政治哲学思想，依时代分成《虞书》《夏书》《商书》《周书》四个部分；依内容，孔安国分成六大类：

第一类：典，即常典，指先王可以之为常法的嘉言善政，如《尧典》。

第二类：谟，即谋议，指臣下向君上所陈述的谋略建言，如《皋陶谟》。

第三类：训，即训诫，指贤臣谏诫君王行善的言辞，如《伊训》。

第四类：诰，即告喻，指上位者昭告下位者的告勉之辞，如《大诰》。

第五类：誓，即自誓约束，指警醒众人并立誓遵守之辞，如《汤誓》。

第六类：命，即派令，指任命并且勉励臣下之辞，如《文侯之命》。

孔颖达认为此六类之外还能再分出征(《胤征》)、贡(《禹贡》)、歌（《五子之歌》）、范（《洪范》）而成十类。这些记录对了解上古三代的历史很有帮助。

以《尚书·盘庚》一文为例，其中记录盘庚想要迁都，但既得利益者不愿轻易放弃势力范围的根据地。盘庚便从说明自己政权取得的合理性、臣民应服从商王的政治性、君权神授下若违反天子（天意）将受灾祸的必然性等角度切入，说服了这些反对迁都计划的臣民。从记录里可以窥见商王朝游牧的国家体质、商政权转移的模式、贵族阶级以鬼神力量巩固权力地位的手段，不论是探索商朝的国家生产、政治规范还是宗教信仰，都具有十分重要的历史价值。

近人陈梦家分析《论语》《孟子》《左传》《国语》《墨子》《礼记》《韩非子》《荀子》《吕氏春秋》九种先秦经典，发现它们引用《尚书》，竟高达一百六十八处，可见《尚书》对中国古代政治思想具有重大影响。虽然因为种种因素，《尚书》无法以全本面貌流传后世，甚至还被王安石讥为“断烂朝报”（《宋史·王安石传》），但书中各篇保留许多上古的重要史料，对后来史书在整理上古史时帮助很大，例如司马迁在撰写上古帝纪时，就直接将《尚书》的相关篇章译成当时通行的语言。

除了史学、政治哲学等方面的价值，解释《尚书》的著作《尚书大传》也指出，《尚书》可以“宣王道而正仁义”，可见《尚书》的内容同时具有极高的教育意义。历代研究、注释《尚书》的著作极多。清人孙星衍的《尚书今古文注疏》，是众注之中比较好使用的注本。今人顾颉刚与弟子刘起釪的《尚书校释译论》则是集大成之作。如果没有太高的学术需求，只是单纯想阅读《尚书》的话，今人曾运乾的《尚书正读》算得上是不错的读本。

最著名的政书——三通

中国正史中大多有“书”或“志”的体例，内容记载历代礼乐、律历、天文、河渠、财政等典章制度的变革。不过在唐代以前，这些记录散见在各正史当中，并不独立成书，彼此之间也没有连贯性。后来的史学家觉得某个朝代的典章制度并非凭空而来，而是前有所继。以旧有断代的形式零杂保留在各正史里的制度记录，并无法充分反映这种变化。于是就有人将某种制度的前后因革加以整理，结集成书，这就是上文提到的狭义的“政书”。

史学上最著名的政书是“三通”，指的是唐人杜佑的《通典》、南宋郑樵的《通志》和元人马端临的《文献通考》。这三本史书著作为政书体例奠下了坚实的基础，后世遂将它们合称作“三通”。

《通典》——“通”向礼仪的康庄大道

在古币市场中，隋唐以来的铸币价值很高，想要收集这些古币的雅士文人，基本功课就是读杜佑所撰记载唐以前包括货币在内各项制度的《通典》。杜佑是中唐著名的政治家及史学家，因为出身仕宦世家，他在十八岁时补为官员。杜佑身遭安史之乱，因而对经世安国的学问特别重视。后来当官当到了宰相，可见他具有相当的才能。

《通典》是中国历史上第一部体例完备的政书，这部书花了杜佑三十多年的时间。该书上自黄帝、虞舜时代，下迄唐玄宗天宝末年，其间所有的典章制度沿革，全详细记载其中。《通典》全书有二百卷，附录考证一卷，内容分为食货（土地财政制度）、选举、职官（官制）、礼（政府编制）、乐、兵（兵略及兵法）、刑法、州郡、边防（边境国防及边族概况）共九门。各门之下又分出子目，每个子目的开头有总叙，最后也有评语。

其中的内容叙述某项制度在各朝代的变化沿革，并且详细地记录了相关的奏议和文章。

杜佑的《通典》对九门在先后顺序上的安排，充分反映出儒家的政治思想。例如食货在前，选举与职官在后，体现了儒家先养后教的观念，礼、乐为先，兵、刑在后，就是儒家先礼后刑的立场。《通典》还特别注重礼制的讨论，杜佑的儒家思维让他相信国家之所以可以健全运转，社会之所以可以永续和平，全维系在“礼”这个环节上，所以《通典》全书二百卷中，就有一百卷的篇幅拿来记录礼制。

《通典》以通史的方式记载着历代典章制度，让治学者了解某一个朝代典章制度的因果为何。这种通识史学观点大大影响了后代政书作者的写作观念，不少人加以承继，陆续撰写相关著作。

《通志》——无所不“通”的百科全书

在《通典》之后的政书代表作是《通志》。《通志》是南宋郑樵所编撰的。郑樵不像一般读书人以获得功名为毕生志业，他一辈子都没去考过科举。没有金榜题名的诱惑，自幼就能勤奋治学，苦读了三十年，这是郑樵最让人佩服的地方。

宋代新儒学大家朱熹因郑樵的学问名声很大，曾经不远千里去拜访他。郑樵家境实在不是很宽裕，面对朱熹的大驾光临，郑樵只能以“豆腐、白盐、白姜、荞头”四样东西款待他。不过两人讨论得十分投机，竟然一谈就谈了三天三夜。待到三日后下山，朱熹的书童对郑樵的待客之道不是很满意，朱熹却说：“此‘四白’乃山珍海味齐全也。”对朱熹来说，最大的收获不是吃喝了什么，而是与郑樵的一席谈话。

在求学的过程中，郑樵与堂兄郑厚到处借书，只为了能够读遍古今图书。这个毕生从事学术研究的读书人，在经学、礼乐之学、语言学、自然科学、文献学及史学等方面都有所成绩，著作等身。但郑樵的各式著作仅只有《通志》《尔雅注》《诗辨妄》《六经奥论》《系声乐谱》与《夹漈遗稿》等书流传于世，非常可惜。

郑樵在写作《通志》时，本就有意继承《史记》的通史精神，打算将唐宋以前的历史作一个总整理。因此《通志》向上追溯到三皇五帝，往下则搜集隋唐各代典章制度。全书共计二百卷，分为帝纪十八卷、皇后列传二卷、年谱四卷、略五十一卷、列传一百二十五卷。因为此书不只有收录典章制度，还兼载记传和其他，所以有的史家将它列入别史（杂记史实的史书）。从这个角度来看，说它是中国最早的一部百科全书也不为过。

《通志》全书最精华也是作者用力最多的是二十门略中的氏族（姓氏源流）、六书（文字构造）、七音（韵书）、天文、地理、都邑、礼、谥、器服（规范不同地位者用品及服装等级的制度）、乐、职官、选举、刑法、食货、艺文（目录制度）、校雠（古籍的整理流程）、图谱（说明图与书的关系）、金石（石碑铭文相关学问）、灾祥、昆虫草木等，无所不包，凡是研读《通志》的人都会将注意力放到这二十略上。

二十略是郑樵独创，其中如氏族、六书、七音、都邑、昆虫草木等略，是以往史书所看不到的。郑樵自己在《通志·总序》中说："总天下之大学术，而条其纲目，名之曰略，凡二十略，百代之宪章，学者之能事，尽于此矣。"表示此书把天下的学问几乎都收进来了，不止收进来，还把它们的重点摘要出来，叫"略"。历代的重要文章，学者们的智慧精华，全在这二十略了。而《四库全书总目提要》更赞誉它："采摭既已浩博，议论亦多警辟，虽纯驳互见，而瑕不掩瑜，究非游谈无根者可及，至今资为考镜。"意思是《通志》采集的文献很多，对它们的评价也很精辟，虽然其中有讲得好的，也有讲得不好的，但小错误不会影响它的大贡献，这本书的成就不是那些只会讲空话的人能办到的，到目前为止它仍是很有参考价值的著作。

《文献通考》——对史学的“通”盘检讨

《文献通考》是宋末元初马端临所修撰。马端临出生于官宦家庭，父亲马廷鸾在南宋末年曾担任过右丞相。因为职务的关系，马廷鸾在历史文献的搜集和整理方面磨炼出很高的造诣。马端临受到父亲的影响，对于处理史料也有一定程度的史学概念。

马端临二十岁时通过考试而任官，不过因为他父亲反对当道的奸臣，所以马端临也跟着受到排挤。任官没多久，马端临就离职回乡，专心侍奉父亲。不久南宋被元军所灭，马端临本来想要隐居不仕。但在马父去世后，受到来自元朝的强大压力，马端临被迫出任慈湖书院和柯山书院院长。后来紧接着出任台州儒学教授。任儒学教授三个月后，他以老病辞职还乡，不久就病逝了。

马廷鸾重视文献，所以家中藏书丰富。再加上马廷鸾很注重儿子的教育，而马端临除了本身天资聪颖，也很勤奋学习，所以年轻的时候，马端临已有撰写历史巨著的企图，平日就开始着手搜集资料。

马端临在读史时特别推崇唐人杜佑的《通典》和南宋郑樵

《通志》这类会通各个朝代的史学著作。但对于班固《汉书》这类的断代作品，则抱持反对的态度。马端临决心以《通典》为底本，重新编写一部记录中国历代典章制度的专著，作为一本和《资治通鉴》并行不悖的政书。于是他花了二十几年的时间，写成《文献通考》。

《文献通考》全书共计三百四十八卷，上起自三代，下迄南宋宁宗嘉定末年。内容分为田赋、钱币、户口、职役、征榷（税捐）、市籴（粮食政策）、土贡（各地进贡的制度）、国用、选举、学校、职官、郊社（祭礼制度）、宗庙、王礼、乐、兵、刑、经籍（图书目录）、帝系（帝王世系）、封建、象纬（星象经纬）、物异（自然异象）、舆地（地理）、四裔（边疆民族）二十四门，另外附考证三卷，内容有很多是沿用《通典》等旧有史料，而其中以《经籍考》所获得的学术成就最高。

《文献通考》考证详细，同时在各条之后夹录前人和当时文人学士的议论，最后再用按语的形式阐述自身见解。马端临的按语，视野不会局限在单一时代，而是交观古今，力求从史实出发，尤其是马氏对于土地、兵役制度所发表的见解，多为前人所未有，相当精彩。身为亡国之臣，马端临也彻底揭露了两宋政治的黑暗面，对于前朝的批判，其激烈程度远超过同类其他著作。

《文献通考》的写作方向主要在补充《资治通鉴》的不足，并整理《通典》之后的政书，所以史家认为读了《通鉴》却不读《通考》，就好比读“纪、传”而不读“志、表”一样，只知一代的人物事迹，而不知一代的典章制度，反之亦然。清人阮元也指出读《资治通鉴》可通晓历代政事；而读《文献通考》更能进一步通晓历代政典。

《通典》《通志》和《文献通考》在创立独特政书体例和写作方向上有重大贡献，因而合称“三通”。“三通”之后，续作者不少。清朝乾隆皇帝敕撰《续通典》（嵇璜、刘墉主其事）、《续通志》（嵇璜、刘墉主其事）、《续文献通考》（张廷玉主其事），合称“续三通”，记载唐宋以后到明崇祯末年事。另外乾隆皇帝又敕撰《清通典》（嵇璜、刘墉主其事）、《清通志》（嵇璜、刘墉主其事）、《清文献通考》（张廷玉主其事），合称“清三通”，记载清开国以来事。以上三种“三通”合称“九通”，近人刘锦藻再撰《清朝续文献通考》，记载乾隆以来至清末事，加上“九通”，合称“十通”。“十通”是中国政书的重要代表作。

有专门针对“三通”其中之一进行研究的，但全盘讨论三通的著作就比较少。想要了解“三通”，刘兆佑主导的“三通（通典、通志、文献通考）综合研究”计划，其结案报告针对三通的各式版本、历来研究及三通的内容做出历史性的整理，参考价值很高。

六、其他史书分类

记载事实的史书，除了上述编年、纪传、纪事本末、杂史、政书（“三通”等）之外，根据《四库全书》对史书的分类，还有别史、诏令、奏议、传记、史钞、载记、时令、地理、目录和史评。这些分类中各有重要的史学著作，限于篇幅，无法一一讨论。以下仅就地理类代表作《山海经》略加介绍。

够奇异，读者多——《山海经》

中国史书有一类称“地理”，这类史书记载各方的山川分布、风土民情、物资矿产等。其中有颇具传奇性的一本书，名为《山海经》。《山海经》全书共十八卷，作者不详，大概是群体创作，创作时间也拉得很长。根据今人的考证，写定该书的作者群应该生活于楚地，大部分的内容也是在战国时代成书的。

西汉刘歆整理秘府藏书时，曾整理出《山海经》三十四篇，并将它们并成十八篇，但在流传的过程中佚失。到了《汉书·艺文志》登录资料时，《山海经》只剩十三篇。今本十八卷的面貌，是后来的人予以缀补的结果。

《山海经》的“经”字指的是“作者经历过的地方”，不等同于十三经的“经”字——表示“历世不易的经典”，这是一般人最容易弄错的地方。《山海经》全书分成两大部分，包括《山经》五卷、《海经》十三卷。内容记载大小山名约五百座、河流大泽三百余处、动物二百余种、异族百余国，有极为丰富地理、博物、故事、巫术、神话，自古以来便视为一部奇书。

《山海经》所描绘的世界以《中山经》所在区域为中心，外围依序是南、西、北、东山经，以此建构出一个四海环绕的完整大陆。大海外又有大陆，再远还有蛮荒之地。从《山海经》中可以探知古人的地理观和世界观，是研究先秦思想史和地理学史的珍贵素材。

除了地理、物产、植物、传说以外，《山海经》最为奇异处在于它描绘了许多稀奇古怪的生物与民族，如小人族、巨人族、贯胸国（人民胸口有个洞）、三首国、三身国、一目国等。如《山海经·海外北经》写到“柔利国”的人民：“为人一手一足，反膝，曲足居上。一云留利之国，人足反折。”柔利国人的脚像鸟一样，膝盖在后而能向上折，这大概只有在现今的科幻片才看得到。

因为《山海经》中的离奇记载和一般人的经验相去甚远，所以一开始并没有人认真看待它。可是据传西汉武帝时，域外异人进贡了一只奇鸟，没人叫得出名字，更不知道要如何饲养，眼看着这只鸟就要饿死。大文豪东方朔听说了赶忙跑去看，马上指出此鸟的来历，并说明应该如何喂养它。原来东方朔读过《山海经》，其中有关于这只鸟的记载。虽然这则传闻未必完全真实，但从这里可以看出，或许《山海经》的内容不只是想象与夸张的产物。

不过这样一部体系庞杂、内容丰富的书，要做图书分类并不容易。班固在《汉书·艺文志》中，依照刘歆《七略》的分类，把《山海经》归入“术数略”中的“形法家”。这是因为班固等人认为此书是迷信之书。从班固的分类标准来看，显然他对《山海经》的内容了解得不算透彻，后世也不太接受这种归类。

另外有一种观点认为，《山海经》是专记怪诞神话的书。司马迁在《史记·大宛列传赞》便率先指出其书的怪异。现代学者也有人主张它是记载神话传说的一本书，因为该书内容有

《夸父追日》《精卫填海》等许多神话。

还有人认为《山海经》是一部巫术之书。鲁迅在《中国小说史略》中说："《山海经》……盖古之巫书也。"在古代，巫是宗教领袖，是人和神的沟通媒介，有关祈祷鬼神的活动都由巫来执行与管理。《山海经》载记了方位、山川、道里等事，便是因为祭祀神灵时必须清楚自然界神灵的来历，此书的内容符合此需求。

不过东汉明帝曾召见水利专家王景，还送了他《山海经》《河渠书》《禹贡图》这些书。（《后汉书·王景传》）有人从王景的地质、工程专长出发去想，认为《山海经》应该是一部实用的地理书。也因为这样，隋唐之后，史书里的《经籍志》《艺文志》就把《山海经》归到"地理类"的史书。到了近代，许多《山海经》的研究者也相信，这是一部内容既科学、又掺杂了巫术迷信的地理志。

成书以来，《山海经》因为内容特别奇异，很受读书人的喜爱。虽然对考取功名无用，但大家仍把它当作一种休闲读物。东晋热爱神仙术的郭璞、民国初年主导现代文学发展的鲁迅，都爱《山海经》。陶渊明更写了《读山海经》诗十三首来记录他读完《山海经》后不凡的感受。《山海经》中众多奇特国家和珍禽异兽，常被后来的奇幻小说如《镜花缘》等作品所引用，由此可看出它在史学之外的文学价值。

正因为《山海经》够奇异，爱读的人不少，因此传本也比较多。郭璞《山海经注》是现存最早的注本。到了清朝，郝懿行集合前人注释的优点，撰写《山海经笺疏》，对于《山海经》的研究贡献很大。今人袁珂的《山海经校注》除了采用各家优点，还能有一些创新。此外，袁珂所撰白话译本，本身就是极好的一个入门读本。

七、中国的真学问

中国的史书，一开始只是简单地照表登录传抄而已，如果选读这类的编年体史书如《春秋》等，应该很容易感到乏味。所幸《左传》开创了一种注体，注文本身竟然可以比本文篇幅更大更丰富，感谢左丘明，感谢老天。

不过并非每个朝代都诞生出具有超强耐力和资料收集能力的左丘明，那么讨论出一个能四平八稳记录史料的体裁就是重要的课题。好在汉代出了优秀的史学家司马迁，给中国创造了以人为主、以事为辅的纪传体，也因为纪传体的功能非常实用，班固以后的正史都采用这一体例来进行写作。

但或许是以时为主的编年体和以人为主的纪传体，都没关注到历史事件记录的完整性吧？而纪事本末体弥补了这个缺憾，让想专心看历史故事的人在关心事态发展时，不再被人的存殁或年的起讫所打断。自此，中国史书里不论是以人、以事为主，还是以时为主，整个写作体制算是完备了。

中国史书的体裁除了够完备，还有个与众不同的特色和传统，那就是史家在整理历史时，也将他对道统与政统的判断，对道德及正义的支持，掺杂进他们的笔墨之间。这样一个特殊的史书写作态度，便是肇始于孔子，成熟于司马迁的。

史书的内外条件都发展成熟，相关史学理论或批评理论的提出也就水到渠成。这也是明清之后史评发展蓬勃的原因。从中国史书演变的各个面向与脉络来看，它的系统符合民情与国情，自成一格，完整且充分满足了世人对它的期待。

后话

国学的其他

学习国学的基本功

国学的精华以文献书籍的形式，穿越时空呈现在我们的面前。这些文献书籍当中，有的成书时间很早，所使用的语言文字不是现代人习惯阅读的白话文；有的则是出于自然或人为因素，造成缺损或内容出现错误，阅读上容易发生困难。

幸运的是在我们之前的前辈们已经归纳出很多方法，并且编纂出很多工具书，可以让我们在面对这些棘手问题时不再那么手足无措。以下就来讲讲要再深入学习国学的话，需要练什么基本功。

首先，若想依照兴趣选出自己想读的书，就必须利用图书目录来做检索。中国的典籍浩如烟海，没有一点目录学的知识，想在传统的国学图书分类里找到想读的书，怕是比大海捞针还难。什么是目录学？许诗英《中国目录学史》解释道：“目录学者，将群书部次甲乙，条别异同，推阐大义，疏通伦类。”简单地说，目录学就是将书的摘要节录出来，并针对书籍的性质进行合理分类。早期计算机还没发明前，图书馆流通柜台旁都会摆着一格格分门别类、附有书籍摘要的索引书卡。想读某书，得先翻卡片，查看书的摘要，再依索书号去书架上找你要的书。这种索引卡片如何对应到书架上放置书籍的学问就是目录学。

汉代以来开始有对书籍分类的做法，一般官方编撰的目录学著作多半将图书分成七大类或四大类。七大类的分法是汉代刘向、刘歆《七略》所创；四大类的分法则是源自西晋荀勖的《中经新簿》。先懂得前人的图书分类方法，才能进一步利用他们的分类找到想读的书和学习的方向。

有了学习的方向也还不够，部分图书因为学派思想的不同或刊印质量的差异而有着不尽相同的呈现，没有版本学的基础只怕会挑到内容差或校勘恶劣的本子。如此读来，花了很多力气追求到的搞不好是错的学问。譬如你想买《说文解字注》（标点本），懂得版本学的人会挑校勘和制版都很讲究的版本，印色漂亮，也几乎没有错误。但若没有古籍方面的出版知识，贪小便宜去买一本版本不见经传、内容被裁得乱七八糟的《说文解字注》。书还没用，页面因为过到油墨脏得像花猫脸就算了，标点错误，页序紊乱，用这个当学习的本子恐怕有害无益。

版本学主要在探讨书籍的历史、书籍抄写本（刻本）的演变、版本鉴别的方式、善本书目体例及历代各书籍版本上所有的文化信息。清代张之洞曾经说过："知某书宜读，而不得精校精注本，事倍功半。"学习国学首要之务就是要找到好版本。挑选出错误较少的善本来读才不会白费精神。

此外，大部分古籍流传的时间很长，其中难免会发生错误和散佚。造成这种情况的原因很多，例如历代君王出于个人喜好或政治考虑而焚书，众人皆知的就是秦始皇为了禁锢不利于他统治的思想，焚毁了应用科学之外的书籍。此外一旦发生战争，无情战火非常容易殃及府藏的图书，这也是图书散佚的原因之一，例如项羽攻进关中咸阳时，把阿房宫中的藏书烧个精光就是这种状况。至于因为搬运或储藏的方法不当，造成典籍灭失的情况就更多了。隋朝时的嘉则殿藏书，因装船移动时没有捆好，在运送途中，书籍几乎全部掉到江水中；清代著名藏书家陆心源手上有不少好书，但后来家道中落，子孙后辈不爱读书，更不用说好好保存了。由于以上所提到的诸多原因，让有珍贵价值的书籍遭到残损毁坏，这时就需要书籍校勘和辑佚方面的常识来帮助判断内容和搜集佚文。

另外，校勘学指的是将流传于世的书籍中，被增删窜改的地方加以校正的一种学问。校勘必须选用时间比较早、内容比较好的版本作为底本，再选取不同的版本作为辅佐底本的比较对象，各自比较以求找到相关线索来证明哪里有错，并把它改正回来。但若是书籍全书因为战火、政治等因素而完全从地球上消失，就需要加以辑佚。辑佚学是将某本佚失书籍散见在其他典籍中的片段，予以集结掇拾补录的一门学问。

除了不可抗力的因素导致古籍发生散佚或错误，某些朝代重金征求佚失之书、某些读书人想要沽名钓誉、某些注文或续作混入原书，诸如此类的原因造成各式各样半真不假的书籍充斥书海，读古人的著作却不知道如何辨别书籍真伪也不行。要检查某书是不是假的，可以先翻查同时期的图书目录，看看那本书是否登录在案，其次看同时期的作品是否曾经提到该书，再来看该书的文体与内容和作者所处的时代特征是否相符，最后看看是不是真有作者其人。掌握这几项要点，基本上就能够过滤出大部分的伪作。

古人的智能一开始是记载在甲骨、青铜器、简牍丝帛这类材料上的，要把国学摸透，也必须了解这些文字材料的历史背景和特征。要对这类文字材料有基本认识，不能不懂文献学，二十世纪七十年代，长沙马王堆汉墓挖出了不少汉代初年的竹简帛书，里面有《老子》《孙膑兵法》《六韬》等，还有写作方式像《国语》《战国策》的《纵横家书》，没有文献学的底子，想把这些散成碎片的帛书或顺序混乱的竹简正确地兜到一起都嫌难了，哪里还有办法去读它们呢？

文献学指的是探讨文献的形态、整理方法、鉴别、分类、收藏、发展史等的学问。要知道纸本不过是众多图书形式的一种，其他不是纸本的，例如现在红到国外去的甲骨、金石器物、战国秦汉简牍、敦煌遗书及各地挖掘出来的诸种文物，它们都是研究国学的重要资料。上面记载的丰富史料，真实地反映了当时社会的风俗习惯，可以补充传世图书文献不足的地方，给阙疑处提供解答。若想要好好利用它们，文献学的常识是不能不知道的。

国学典籍写作的时间通常很早，作者不一定是一时一地之人，书上的遣词用句自然不全都是现代人可以懂的，没有文字学的基础，阅读古籍时势必遇到阻碍。研究文字的形、音、义及它们相互之间的关系、历史变化及其他相关问题的学问就叫作文字学。文字学在国学里又叫作“小学”，这是因为文字学是所有学问的最基本的功夫，所以才称它“小学”，有初学的意思。广义的文字学包括文字之学、声韵之学及训诂之学。文字之学讨论的是文字字形的源流、字体的变化，并对造字原则进行归纳；声韵之学的重点在于厘清文字字音的古今变化和变化规律；训诂之学的重点主要在于解释时间、空间或人为因素所造成的字词含义的异同。中国典籍文献异时异地，文字的形音义会发生变化，有了文字、声韵、训诂之学的根基，就能拨开这些差异所造成的迷障。

以上所提到的目录学、版本学、校勘学、辑佚学、文献学和文字学是进入国学殿堂所必备的基本功。能将基本功练到出神入化，等于推开了国学宝藏的大门。不过没有正确的学习态度和学习方法，怕就像进了大观园，却眼花缭乱，容易见树不见林、入宝山空手而回。那该怎么把心给定住，把国学学好呢?曾国藩曾说：“读书唯敬字恒字，是彻始彻终功夫。”“敬”就是用心专一，心无旁骛；“恒”就是恒久忍耐、持之以恒的意思。“敬”和“恒”可以说是学习国学的正确态度，若能“敬”能“恒”，时间累积得久，一定会有显著的成绩。至于学习国学的方法，胡适说过：“为学要如金字塔，要能广大要能高。”一开始接触国学，不知道自己兴趣在哪儿，最好先广泛阅读——“略读”；等到对国学的全体有了大概的了解，确立了自己的志向后就可以集中火力好好“精读”了。心神专一，持之以恒，广泛阅读之后，再立定学习的方向，一定能从浩瀚书海中满载而归。

中分好还是旁分好？重要目录学著作的图书分类法

目录学著作	分法	分类内容
西汉·刘歆《七略》（原书已佚，东汉·班固《汉书·艺文志》中大量引用）	六分法	辑略：诸书之总要 六艺略：易、书、诗、礼、乐、春秋、论语、孝经、小学 诸子略：儒、道、阴阳、法、名、墨、纵横、杂、农、小说 诗赋略：屈原等赋、陆贾等赋、孙卿等赋、杂赋、歌诗 兵书略：兵权谋、兵形势、兵阴阳、兵技巧 术数略：天文、历谱、五行、蓍龟、杂占、形法 方技略：医经、经方、房中、神仙
西晋·荀勖《中经新簿》	四分法	甲部：六艺及小学等 乙部：古诸子家、近世子家、兵书、兵家、术数家 丙部：史记、旧事、皇览簿、杂事 丁部：诗赋、图赞、汲冢书
南朝宋·王俭《七志》	七分法	经典志：六艺、小学、史记、杂传 诸子志：今古诸子 文翰志：诗赋 军书志：兵书 阴阳志：阴阳图纬 术艺志：方技 图谱志：地域及图谱；附道经、佛经

续表

目录学著作	分法	分类内容
南朝梁·阮孝绪《七录》	七分法	经典录：六艺 记传录：史传 子兵录：子书、兵书 文集录：诗赋 术技录：数术 佛法录 仙道录
唐·魏徵、长孙无忌等《隋书·经籍志》	四分法	经：易、书、诗、礼、乐、春秋、孝经、论语、图纬、小学 史：正史、古史、杂史、霸史、起居注、旧事、职官、仪注、刑法、杂传、地志、谱系、簿录 子：儒、道、法、名、墨、纵横、杂、农、小说、兵、天文、历数、五行、医方 集：楚辞、别集、总集、道经、佛经
清·纪昀等《四库全书》	四分法	经部：易、书、诗、礼、春秋、孝经、五经总义、四书、乐类、小学 史部：正史、编年、纪事本末、别史、杂史、诏令奏议、传记、史抄、载记、时令、地理、职官、政书、目录、史评 子部：儒家、兵家、法家、农家、医家、天文算法、术数、艺术、谱录、杂家、类书、小说家、释家、道家 集部：楚辞、别集、总集、诗文评、词曲

《四库全书》原来一点都不全

《四库全书》是清朝乾隆皇帝饬令当时的大才子纪昀（纪晓岚）主持编撰的一部大丛书。纪昀领衔的编辑团队花了九年的时间才完成这项工作。《四库全书》共收三千五百零二种书，分经、史、子、集四类来收集图书，初步估计整套书有八亿多字的篇幅。几乎从先秦到清乾隆皇帝以前的重要古籍都收入这套丛书中。不过由于乾隆皇帝下令编这套丛书的用意是要过滤对清朝不利的言论，所以在搜集文献的过程当中便不断焚毁内容不利于清廷统治的著作，结果焚掉的书比被编进去的书还多。虽然如此，若不计入焚于战火的明朝《永乐大典》的话，《四库全书》仍是中国史上最大的一部丛书。

屠龙也要有屠龙刀——国学常用工具书举隅

用途	代表作
查检书籍掌故起源	宋·晁公武《郡斋读书志》 清·纪昀等《四库全书总目提要》
查检文字词句音义	汉·许慎《说文解字》 宋·陈彭年、邱雍等《广韵》

续表

用途	代表作
查检人物地理年历	今人臧励龢等《中国人名大辞典》《中国古今地名大辞典》 清·齐召南《历史帝王年表》
查检典章制度名物	汉·刘熙《释名》 唐·虞世南《北堂书钞》 唐·欧阳询等《艺文类聚》 宋·王钦若等《册府元龟》 宋·王应麟《玉海》
大杂烩性质之丛书及类书	丛书：明·郎奎金《五雅全书》 类书：唐·徐坚等《初学记》 宋·李昉等《太平广记》

《说文解字》怎么说解文字?

汉代流行章句之学，许多读书人思考着要怎么给典籍做解释比较好。同一个字，不同学派就有不同的解释，字形和字义的关系非常混乱。经学大师许慎看到这个问题，责无旁贷地跳出来编了《说文解字》这本书。他按照字形的部首，将九千三百九十三个字全部分类收进五百四十个部首里，再加上

“重文”（异体字）的一千多字，总共给当时社会通用的一万多个字形进行了字义的解说。《说文解字》以小篆为索引的基础，在每个小篆下面再收集大篆（主要流行在秦）或古文（主要流行在东方六国，有一部分因为长得像蝌蚪，被称作蝌蚪文，见本书“善学问”），并从字形上来解释这些字。由于汉代上承先秦古文字，下开隶楷等近现代字形，所以许慎此书在中国文字研究上的地位十分重要。《说文解字》原书有所残缺，到了北宋，由徐铉予以重新补订，他校订的版本称为“大徐本”；徐铉的弟弟徐锴对《说文解字》一样有所整理，成果为《说文系传》一书，又称“小徐本”。宋以后的说文研究著作多以“大徐本”为基础。清朝段玉裁的注在各方面给《说文解字》增加了许多资料，并试着为每个字注音，最值得参看。